Heinz H. Kaupschäfer

Flugtaubensport

Heinz H. Kaupschäfer

Flugtaubensport

In Theorie und Praxis
mit Porträts der Flugtaubenrassen

6., von Kjell Jungnickel überarbeitete und erweiterte Auflage

Oertel+Spörer

Bildnachweis

Titelbild: Flugmövchen. Foto: Heinz Prescher

Innenteilbilder: Andreas S. 35; K. Basic S. 16; R. Beneke S. 49; Collard S. 53; V. Cramer S. 120 (2); H. Eisermann S. 56; Fuchs S. 60; Hartmann S. 36 u., 37, 55; Ifthakir S. 54 (2); Elke und Ingolf Jungnickel S. 23, 30, 38, 41, 44 o., 48 o., 50, 52, 67, 117, 119 (2), 121; Heinz H. Kaupschäfer S. 15, 34, 59, 63, 64, 75, 79, 102 (2); Marcus Klitsch S. 36 o.; de Koster S. 40, 43, 108; Lassen S. 48 u.; Paul Moore S. 98; H. Müller S. 31 (2), 76; Napholcz S. 25, 26; Dr. Uwe Oehm S. 18, 61; Pesic S. 66; Heinz Prescher S. 128; Rudi Proll S. 33; Rolf Richter S. 68, 74, 90; Rozmann S. 99; Semmler S. 122; Shannon S. 27; H. Sprinck S. 28, 29; Günter Stach S. 14, 20, 44 u., 45, 72, 81, 87, 95, 123, 125; W. Stettler S. 84; D. Tödtemann S. 88; A. Ujj S. 110; Vits S. 114; Josef Wolters S. 32, 39, 47, 113

Bibliografische Information der Deutschen Nationalbibliothek

Die Deutsche Nationalbibliothek verzeichnet diese Publikation in der Deutschen Nationalbibliografie; detaillierte bibliografische Daten sind im Internet über http://dnb.d-nb.de abrufbar.

Postfach 16 42 · 72706 Reutlingen

Lektorat: Dr. Gabriele Lehari

DTP und Repro: raff digital gmbh, Riederich

Druck und Bindung: Oertel+Spörer Druck und Medien-GmbH+Co., Riederich

Printed in Germany

ISBN 978-3-88627-616-5

Inhalt

Vorwort zur 5. Auflage

Dem Oertel+Spörer Verlag Dank und Anerkennung für die Herausgabe eines Fachbuches ausschließlich über Flugtauben. In der Nachkriegszeit hatte es zunächst so ausgesehen, als ob es mit diesem traditionellen Zweig der Taubenliebhaberei keinen Neubeginn mehr geben würde.
Was noch bis etwa Anfang der 1950er-Jahre kaum jemand für möglich erachtet hatte, trat ein: Viele junge Leute begeisterten sich wieder für Tauben, die ein besonderes Flugverhalten an den Tag legten. Sehr beschränkt blieb dabei die Auswahl solcher Taubenrassen.
Das änderte sich nach und nach. Völlig neuartige Flugtauben kamen ins Land. Und – was ich selbst für sehr wichtig ansehe – es bildeten sich wieder Flugtaubenvereinigungen, die durch ihre Aktionen allem einen neuen Auftrieb gaben.
So kann bei der Herausgabe dieses Buches gesagt werden, dass der Flugtaubensport wieder in sicheres Fahrwasser gekommen ist. Eine äußerst rege Wettflugtätigkeit ist zu konstatieren in einem Maße wie nie zuvor in Deutschland.
Es ist aber auch festzustellen, dass sich mittlerweile dank der technischen Möglichkeiten ganz neue Aspekte aufgetan haben, etwa durch vermehrte Kontaktaufnahme zu asiatischen Ländern mit Flugtaubentradition. Da werden heutzutage Taubenrassen mühelos von einem auf den anderen Kontinent verbracht. Es setzt Erfahrungsaustausch sondergleichen voraus. Von dieser Entwicklung profitiert auch bei uns der Flugtaubensport ganz erheblich. Für den Autor ist dies alles eine beglückende Lebenserfahrung und zugleich auch Bestätigung einer zielorientierten Arbeit über satte 50 Flug- und Zuchtjahre hin.

Heinz H. Kaupschäfer (†)

Vorwort zur 6. Auflage

Es freut mich, dass sich der Verlag Oertel+Spörer entschieden hat, dieses Buch in 6. Auflage neu herauszubringen. Leider ist der Verfasser mittlerweile verstorben und so habe ich die Aufgabe übernommen, das Buch dem aktuellen Stand anzupassen. Es diente auch mir als Leitfaden für meinen Werdegang in den letzten 30 Jahren als Flugtaubenzüchter und gilt für viele Züchter als Standardwerk.
Heinz H. Kaupschäfer hat in unvergleichlicher Art und Weise zu dem Aufschwung des Flugtaubensports beigetragen, sowohl durch dieses Buch, durch Importe vieler damals unbekannter Taubenrassen als auch unzählige Artikel in der Fachpresse und persönlichen Kontakt zu Taubenzüchtern rund um den Erdball – und dies bereits zu Zeiten, als an das Internet noch gar nicht gedacht wurde. Sein Name ist unter anderem der Inbegriff für Flugtipplertaubensport in Deutschland. Er führte die Deutsche Flugtippler Union zu einer unerreichten Blüte. Sein Verlust bildet eine nicht zu schließende Lücke. Gern erinnere ich mich an die vielen angenehmen Kontakte mit ihm.

Ich selbst danke hier dem Verlag Oertel+Spörer, dass er mich mit dieser Aufgabe betraut hat, sowie meiner Frau Sonja und meinen Eltern Elke und Ingolf, ohne deren Unterstützung ich weder den Flugtaubensport in dieser Form noch diese Aufgabe hier vollbringen könnte. Alle Angaben mache ich nach bestem Wissen und hoffe, das Buch im Sinne des Verfassers ergänzt zu haben.

Kjell Jungnickel

Geschichte des Flugtaubensports

Aus zuverlässigen Quellen ist uns bekannt, dass in ganz Indien, Persien und Kleinasien zahlreiche Arten von Tauben verbreitet sind, die sich durch eine eigenartige Flugweise auszeichnen. Sie fliegen hoch und ausdauernd in mehr oder weniger großen Fluggemeinschaften und vollführen während des Fliegens akrobatische Luftkünste, indem sie sich ein- oder mehrmals überschlagen. Dadurch unterscheiden sie sich wesentlich von gewöhnlichen Tauben.

Auf dem Land- und Seeweg fanden diese Tauben in fast allen Kulturländern begeisterte Aufnahme. Auf dem europäischen Festland sorgten die Seefahrernationen dafür, dass insbesondere in den Küstenstädten der Flugtaubensport bekannt wurde und nach den in Indien und Asien gehandhabten Methoden zur Entfaltung kam. Man gab diesen Tauben hierzulande den Namen „Tümmler“, später auch „Hochflieger“.

Infolge der Abgeschiedenheit der Städte durch schlechte Verkehrsverbindungen ging die Verbreitung des Flugtaubensports landeinwärts nur sehr zögernd voran. In den Großstädten jedoch gehörte es bald zum guten Ton, einen geregelt trainierten Schwarm von Flugtauben sein Eigen zu nennen.

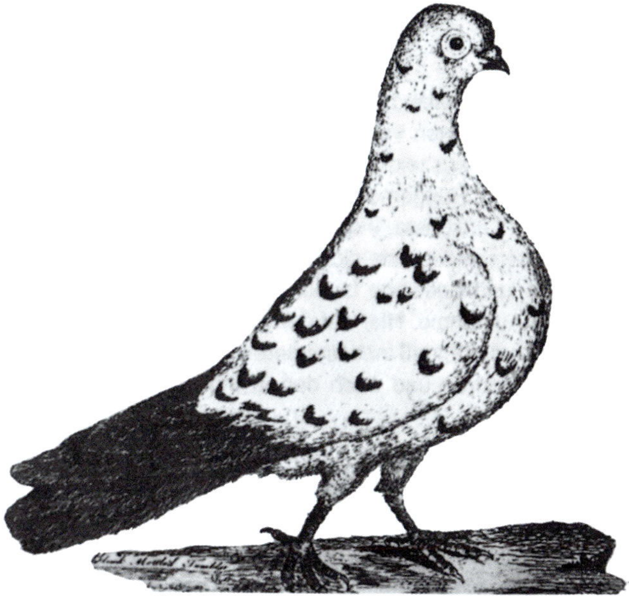

Die erste Abbildung einer Tümmlertaube in der 1765 erschienenen „Treatise“

In Deutschland blühte der Sport von der Mitte des 19. Jahrhunderts bis ins 21. Jahrhundert hinein mächtig auf. Dies war die Zeit, in der sich auch einzelne Rassen herausbildeten. Während früher die Tümmler sich mehr oder weniger in ihrem äußeren Gewande ähnelten, versuchte man nun, sie voneinander verschieden zu machen, sodass sich in Deutschland – und nicht nur bei uns – in bestimmten Städten eigene Rassen mit festgelegtem Erscheinungsbild herauskristallisierten wie etwa die Tümmlerrassen in Danzig, Stralsund, Braunschweig, Hannover, Bremen, Kassel, Hamburg, Berlin, Köln usw.
Man liebte es, diese Tauben in großen Fluchten fliegen zu lassen, wobei die Flugleistungen oft nicht sonderlich groß waren. Denn durch das ständige Tümmeln in der Luft wurde zu viel Energie verbraucht, als dass es zu lang währenden Flügen hätte kommen können. Vielfach jagte man die Tauben (daher auch die Bezeichnung „Jagetauben"), um fremde Tiere anzulocken und einzufangen. Dieser Sport ist heute noch in Asien sehr beliebt.
So wundert es nicht, dass bei vielen Züchtern der damaligen Zeit der Wunsch laut wurde, besonders hoch und ausdauernd fliegende Tauben heranzuzüchten, die sich freiwillig zum Fliegen anließen, ohne gejagt werden zu müssen. Dabei machte man sich daran, zuerst die Tiere auszusondern, die sich fortwährend beim Fliegen überschlugen. Und wie sich gezeigt hat, wurde damit der Grundstein für unsere heutigen „Hochflugtauben" gelegt, den eigentlichen „Tümmlern" aber zugleich ihr Ende bereitet. Denn heute sind tümmelnde Tauben bei uns so gut wie nicht mehr zu finden.
Hingegen sind andererseits aus den Tümmlern extrem quirlig fliegende Tiere, also die Roller und Purzler, herausgezüchtet und sehr beliebt geworden. Aus diesen Flugrollern schuf man selektiv die Bodensaltoschläger. Man bezeichnet diese Akrobaten auch als „Kunstflugtauben". Und auch in diese Gruppe sind die sogenannten Sturzflugtauben einzuordnen, welche waghalsige „Stuka"-Flüge vollführen, oft noch gewürzt mit eleganten Drehbewegungen.

Unsere Ahnen haben in bewundernswerter Ausdauer alles darangesetzt, leistungsstarke Flugtauben zu schaffen, um sich an deren Flügen zu ergötzen. In vielen Städten Deutschlands war morgens, mittags und abends der Himmel übersät mit Flugschwärmen, die man mit „Stich", „Flucht" oder ähnlichen Namen zu bezeichnen pflegt. In Magdeburg, Braunschweig oder Halberstadt konnte man Trupps von 1500 bis 2000 Tieren und mehr beobachten, die zusammen eine Fluggemeinschaft bildeten, aber dennoch wieder in geschlossener Formation ihren Heimatschlag anfielen. In anderen Städten war es ähnlich.
Die ersten Wettflüge wurden veranstaltet. Schon 1913 fand ein erster gesamtdeutscher Hochflugwettbewerb statt, an dem Wiener Hochflieger, Danziger Hochflieger, Englische Flugtippler, Kasseler Tümmler usw. teilnahmen. Es sind mittlerweile

Bestrebungen im Gange, diese traditionellen Truppflieger wieder aus den noch vorhandenen Restbeständen von damals ins Fluggeschehen der deutschen Leistungstaubenszene von heute zu bringen – so etwa bei den Jagetauben aus Mitteldeutschland, aber gleichermaßen bei Hamburger Lokalrassen.

Das heutige Ausstellungswesen war im 19. Jahrhundert noch so gut wie unbekannt. Die Flugleistung der Tauben war allein entscheidend. Aber das sollte sich – bedauerlicherweise, wie wir heute rückblickend sagen müssen – bald ändern.
Denn nun erstrebten viele Züchter für die Bewertung von Rassegeflügel und -tauben einheitliche Grundregeln, nach denen die Zucht betrieben werden sollte. Es wurden Musterbeschreibungen aufgestellt, Ausstellungen veranstaltet und auch die Flugtauben nach diesen Bestimmungen prämiert. Anfangs hatte es den Anschein, als ob dies dem Flugtaubensport nicht schaden würde. Doch blieb es nicht aus, dass fortan die hoch ausgezeichneten Flugtauben nicht mehr den Gefahren des Freiflugs ausgesetzt wurden. Man sperrte sie in Volieren. Um möglichst schnell mustergerechte Tiere zu haben, wurden außerdem häufig artfremde Einkreuzungen vorgenommen, die das Ende vieler ehemals so guter Leistungstauben besiegeln halfen.

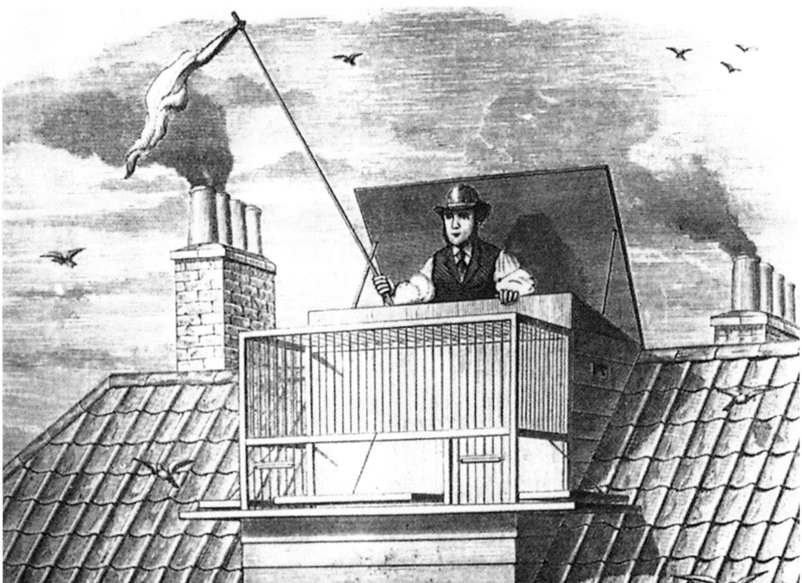

Eine zeitgenössische Abbildung eines Londoner Flugtaubenschlages des 19. Jahrhunderts

Diese Entwicklung ist bis heute noch nicht abgeschlossen. Viele früher ausgezeichnet fliegende Tümmler sind heute nur noch in den Ausstellungskäfigen zu finden und tragen ihren Namen zu Unrecht. Nur wenige Rassen zeigen heute noch gute Flugleistungen. Aber diese werden intensiv gefördert und geben so Gewähr für den weiteren Fortbestand. Wie nie vorher ziehen die Vereinigungen Wettbewerbe auf, die ein interessantes Gegengewicht zur Ausstellerei bilden. Es ist wieder erstrebenswert geworden, auf diesem Sektor und nicht auf Schauen Lorbeeren zu erringen.
Unterstützung dieser Bemühungen um Leistungserhalt bei unseren Tauben gibt jetzt auch zum Beispiel der Verband Deutscher Rassetaubenzüchter (VDT), der seit einigen Jahren einen Verbindungsmann zu den gegenwärtig existenten Leistungstaubenclubs bestimmt hat. Seit 1992 gibt es sogar einen Nationalen Hochflugwettbewerb des VDT für einige Hochflugtaubenrassen wie etwa Wiener, Danziger, Stralsunder, Memeler, Griwun-Hochflieger usw., an dem sich Mitglieder der verschiedenen Spezialvereinigungen mit ihren Tauben beteiligen können.

Bei so manchen Rassen ist noch immer keine strikte Unterteilung in Schau- und Flugtyp vorgenommen worden. Da findet man bei Ausstellungen lange Reihen von „Hochfliegern", „Rollern" usw., da liest man Ähnliches im Anzeigenteil unserer Fachpresse und doch haben diese dann oft nie eine Voliere von außen gesehen. Die Selektion auf rein äußerliche Merkmale, häufig unter Einkreuzung von ganz anderen Rassen, blieb nicht ohne Folgen. Solche Tauben tragen ihren Namen zu Unrecht. Sie können das nicht mehr vorweisen, was ihre Rassebezeichnung aussagt. Viele Anfänger sind hier schon gutgläubig auf die falsche Fährte gesetzt worden.
Die gute Durchorganisierung des deutschen Leistungstaubenwesens für nahezu sämtliche Varianten von Tauben mit besonderem Flugverhalten macht sich positiv bemerkbar. Es gibt nationale und sogar internationale Wettbewerbe mit sehr guter Beteiligung. Hier sei als Beispiel genannt die Beteiligung am Welt-Cup der Birmingham Roller mit Clubs aus Nordamerika, Europa, Australien und Südafrika. Oder im Flugtipplersport die Veranstaltung von zwei jährlich ausgetragenen freundschaftlichen Vergleichswettbewerben zwischen Nationalclubs aus vielen Ländern Europas und Übersee unter der Regie der deutschen DFU. Unter leicht abgewandelten Regeln gibt es auch internationale Freundschaftsflüge für jedermann – das Internet macht es heute möglich. Für jeden Geschmack bietet sich etwas an, wie etwa das Fliegen von transportablen Kleinflugschlägen.

Grenzübergreifend werden mit publikumswirksamem Erfolg auch internationale Veranstaltungen von Flugkasten-Meisterschaften in Deutschland, Belgien, den Niederlanden, der Schweiz, Frankreich, Serbien und Österreich durchgeführt. Neue Werbemöglichkeiten erschließen sich da, zumal die Medien dabei sein können.

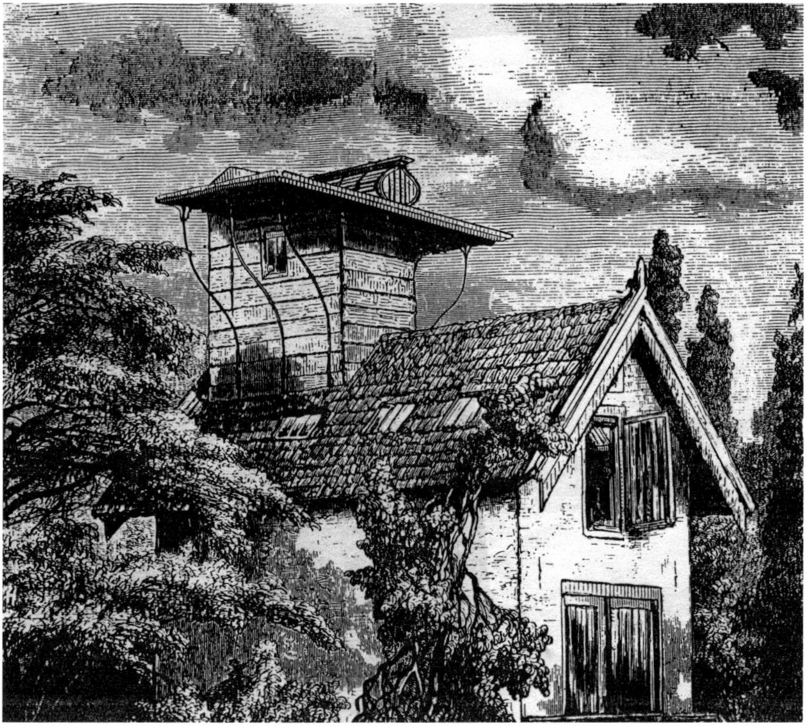

Dieser alte Stich aus dem 19. Jahrhundert zeigt eine Fluganlage auf einem Satteldach in den Niederlanden.

Für denjenigen, der nur über sehr begrenzte Haltungsmöglichkeiten verfügt, bietet sich dennoch eine Leistungsvariante unserer Tauben an, wie etwa die Gruppe der Bodenpurzler oder der Klatschtümmler, die am Boden oder innerhalb eines Kleinschlages Leistungsaktionen in höchster Präzision zeigen.
Auch sie sind relativ neu in unserem Land aufgetaucht, finden aber bereits viele Freunde. Ich fände es schade, wenn man sie durch falsche Zielsetzungen, die außerhalb ihrer physiologischen Besonderheiten liegen, zu bloßen Schauobjekten degradieren würde. Allen Züchtern und Neulingen in unserer Liebhaberei sollte es ein Bedürfnis sein, alles daranzusetzen, auch zukünftig den Leistungstaubensport populär zu machen.

Profitieren können durch diese Aufwärtsentwicklung auch unsere fliegerisch heruntergekommenen bodenständigen Rassen. Hierbei sind bereits Erfolge erzielt worden. Es sind wieder Stämme von zum Beispiel Memeler und Stralsunder Hoch-

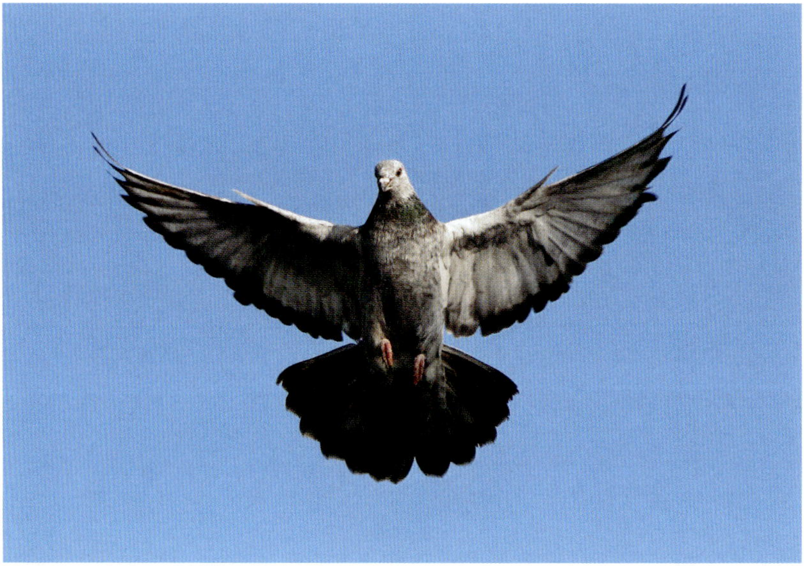

Ein Broder Purzler

fliegern vorhanden, die ihre Flügel zu betätigen wissen. Erstmals gab es 2004 einen protokollierten Wettflug mit Hamburger Flugkalotten.

Die Möglichkeit, aus aller Herren Länder auf einfache Art und Weise Rassen ins Land zu holen, die noch fliegen, hat an diesem Aufschwung erheblichen Anteil. Denn Gott sei Dank hat man sich in den Ursprungsländern so gut wie nicht an unseren Schönheitsvorstellungen bei Flugtauben orientiert, sondern hat weiter an der Leistungsauslese festgehalten.

Die heutige Züchtergeneration verfügt über internationale Kontaktmöglichkeiten wie nie zuvor. So blieb es denn auch nicht aus, dass man neue Einblicke beispielshalber in asiatische Herkunftszentren von Leistungstauben nehmen konnte. Und ebenfalls ist eine positive Entwicklung festzustellen hinsichtlich der enorm breit gefächerten Rassenvielfalt. Vorbei sind die Zeiten, in denen eine Hand voll Flugtaubenrassen uns hiesigen Freunden zur Verfügung stand. Allein schon durch Reisen ins Ausland und durch nach Europa einströmende Menschen gibt es inzwischen ein breites Spektrum an Betätigungsmöglichkeiten mit Flugtauben aller Art.

Leistungstaubensport im Überblick

Wie bereits erwähnt, handelt es sich bei Leistungstauben um ganz besondere Tauben und dies nicht nur wegen ihres oft ausgefallenen Äußeren, sondern auch und gerade wegen ihres eigenartigen Fliegens.
Gewöhnlich besitzen unsere Flugtauben das sogenannte „Perlauge", wie es sonst kaum unter anderen Tauben zu finden ist. Die Iris ist dabei milchig hell und die Pupille klein und gestochen schwarz. Man meint, Greifvogelaugen vor sich zu haben. Vielleicht ist das bereits eine Andeutung der außergewöhnlich guten Flugeigenschaften dieser Tauben. Denn bei ihren Hochdauerflügen müssen sie schon ein sehr gutes Auge haben, um sich in großer Höhe zurechtfinden zu können.
Nicht selten fällt einem sofort der eigenartige Kopfausdruck auf. Schnabelform und -länge, Nasenwarzen und Gesichtsstruktur weisen auf die fremdländische Natur dieser Flieger hin. Unsere Tümmlertauben haben bei vielen anderen Rassen Pate gestanden, so etwa auch bei den heutigen Brieftauben, unter denen sich früher noch viele perläugige Tiere befanden. Selbst die Farben und Zeichnungen unserer Hochflugtauben sind oft außergewöhnlich und wunderschön anzusehen, sodass es nicht verwunderlich ist, dass man verschiedene Tümmlerrassen zu Ausstellungsvögeln machte, um sich im Schaukäfig an ihrem exzellenten Erscheinungsbild zu erfreuen.

Als Flugtaubensportler legt man jedoch keinen Wert auf schöne Farben und Zeichnungen. Denn diese sind nur belanglose Nebensächlichkeiten. Es kommt einem echten Flugtaubenfreund nicht darauf an, ob seine Tiere ein helles Perlauge haben, ob sie kräftige Farben und exakte Zeichnungen aufweisen, wie ihr Stand ist usw. Für ihn ist allein ausschlaggebend, dass sie fliegerisch auf der Höhe sind! Dafür nimmt er gern in Kauf, dass die Iris der Augen oft rot geädert und die Farbe nicht ausgesprochen standardgerecht ist. Solche Dinge interessieren eigentlich nur den Züchter von Ausstellungstümmlern, der seine Tauben nach dem Standard auszurichten bestrebt ist.

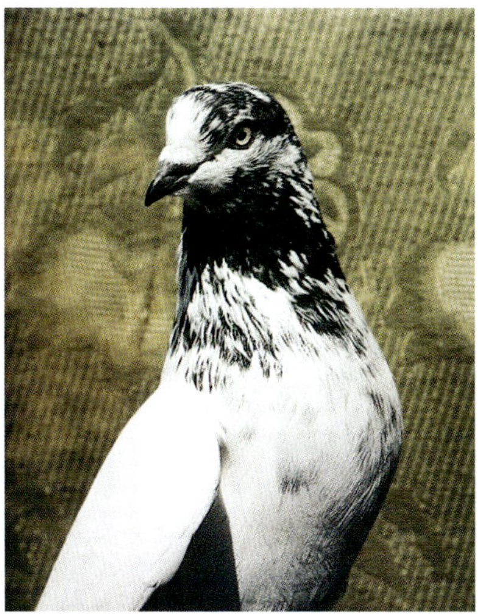

Ein pakistanischer Tippler – eine der Ur-Rassen, deren Abkömmlinge auch in Europa vertreten sind.

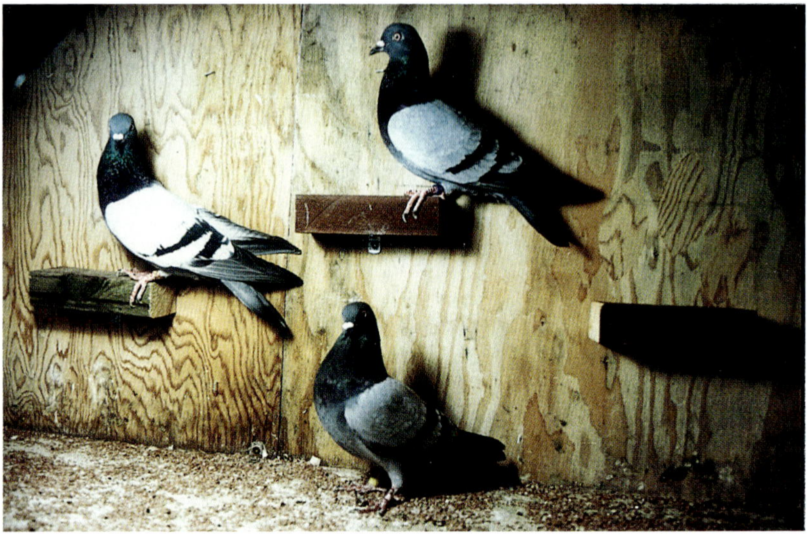

Ein Wettflug-Team blauer Kanadischer Tippler

Der ausgesprochene Flugtaubenliebhaber will Leistungen von seinen Tieren sehen. Die Flucht Tauben ist sein ganzer Stolz und ihr gehört seine züchterische Arbeit. Tag für Tag oder in größeren Zeitabständen gibt er seinen Fliegern in großen oder kleinen Trupps die Freiheit. Und dann vergisst er für einige Zeit, erdverhaftet zu sein. Denn in schwungvollen Wendungen stürmt seine Flucht gen Himmel. Die Tiere halten sich dabei geschlossen im Trupp. Bei Sonnenlicht und strahlend blauem Himmel blinkt und glitzert es, dass einem das Herz übergeht ob dieses großartigen Schauspiels. Unser technisches Zeitalter beschert uns zwar künstliche Himmelskörper, die ins Weltall jagen. Was sind sie aber gegen unsere fliegenden Himmelsstürmer, unsere Flugtauben!

Wie erhebend ist das Gefühl, seine Tauben in tausend Meter Höhe und noch viel höher zu wissen und sie dort wie Pünktchen mit einem Feldstecher ausmachen zu können. Im Sommer rücklings auf dem Rasen hingestreckt zu liegen, das Fernglas suchend gen Himmel gerichtet zu haben und die Tauben bei ihren Flugmanövern beobachten zu können, das ist eine Entspannung sondergleichen. Wie prickelnd aber wird es erst, wenn der Flugstich etwa durch einen Greifvogel angegriffen wird. Dabei kann man schon nervös werden. Aber zugleich ist es ein froh machendes Erlebnis zu sehen, wie gewandt die Flugtauben den Greifvogelattacken ausweichen. Es schmerzt einen, wenn dabei einmal eine Taube geschlagen wird. Es ist dennoch ein herrliches Naturschauspiel.

Unsere verschiedenen Rollertauben, die ebenfalls zu den Hochfliegern zählen, würzen ihren Höhenflug obendrein noch mit artistischen Einlagen. In einem Trupp von ungefähr zwanzig Tieren ist ständig Leben! Fortwährend sondern sich Tiere vom Hauptfeld ab und rollen, purzeln, überschlagen sich, drehen, wenden, kippen – man weiß kaum, wo man zuerst hinschauen soll.
Unsere Brieftauben sind schon allerbeste Leistungstauben. Aber soll man nicht unseren Flugtauben ein noch größeres Lob aussprechen? Sie fliegen freiwillig brillante Leistungen heraus und geben uns ein Bild von der Schönheit eines nahezu perfekten Taubenflugs.
Selbst das Anfliegen der Tauben nach dem Flug ist noch sehr reizvoll anzusehen. Sämtliche Tiere des Stichs scheinen einem Leittier zu folgen und fallen den Flugschlag an wie auf Kommando. Oft sind sie eigens auf Locktauben trainiert.
Im Schlag zeigen sie sich uns als temperamentvolle Tiere, die jedoch nicht zänkisch veranlagt sind, sondern sich für den nächsten Höhenflug ausruhen. Ihre Welt ist die Luft, der Schlag und ihr Betreuer.
Wie überaus faszinierend sind die pfeilschnellen Sturzflugleistungen von dazu besonders geeigneten „Stürzern“, wie sie auf dem Balkan und Vorderasien herausgezüchtet worden sind. Da stockt einem als Betrachter solch waghalsiger Flugaktionen schier der Atem, weil man es nicht für möglich hält, dass diese Flieger ihre Flugakrobatik stoppen können. Doch sie beherrschen ihre Schauflüge nahezu perfekt.
Gewöhnlich ist man in Sportkreisen der Ansicht, dass bei strahlend blauem Himmel und Sonnenschein ideales Flugwetter für unsere Flieger herrscht. Das ist jedoch nicht immer der Fall. Man kann erleben, dass oft die schönsten Hochflüge zustande kommen, wenn es von Zeit zu Zeit regnet oder wenn sich Wind auftut.
Grundsätzlich sollte man bei besonders schlechtem Wetter die Tauben nicht fliegen lassen, so etwa bei dichtem Nebel, starkem Regen, böigem Wind oder Hagelschlag und im Winter bei Schneefall.
Jedoch muss hier auch die besondere Eigenart der verschiedenen Flugtaubenrassen berücksichtigt werden. Tiere mit windschnittiger Form und robustem Körperbau fliegen selbst bei Wind noch ausgezeichnet und Regen scheint ihnen infolge ihres dichten Federwerks wenig auszumachen. So fliegt der Flugtippler nahezu bei jedem einigermaßen annehmbaren Wetter, ja, er scheint geradezu ein Gespür dafür zu entwickeln, in welchen Luftschichten er besonders mühelos fliegen kann.
Bei Wind sieht man diese Tauben längs der Windfront fliegen, wobei sie beträchtlich an Höhe gewinnen, sich dann treiben lassen und in weitem Bogen erneut dieses Spiel mit dem Wind aufnehmen. Verständlicherweise würde der Danziger Hochflieger bei derartigem Wetter vom Wind wie eine Feder weggetrieben. Auch der Wiener Hochflieger liebt raues Wetter nicht sehr. Man kann ihn dadurch vergrämen, sodass er fortan nicht mehr auf die sonst gewohnte Höhe steigt.

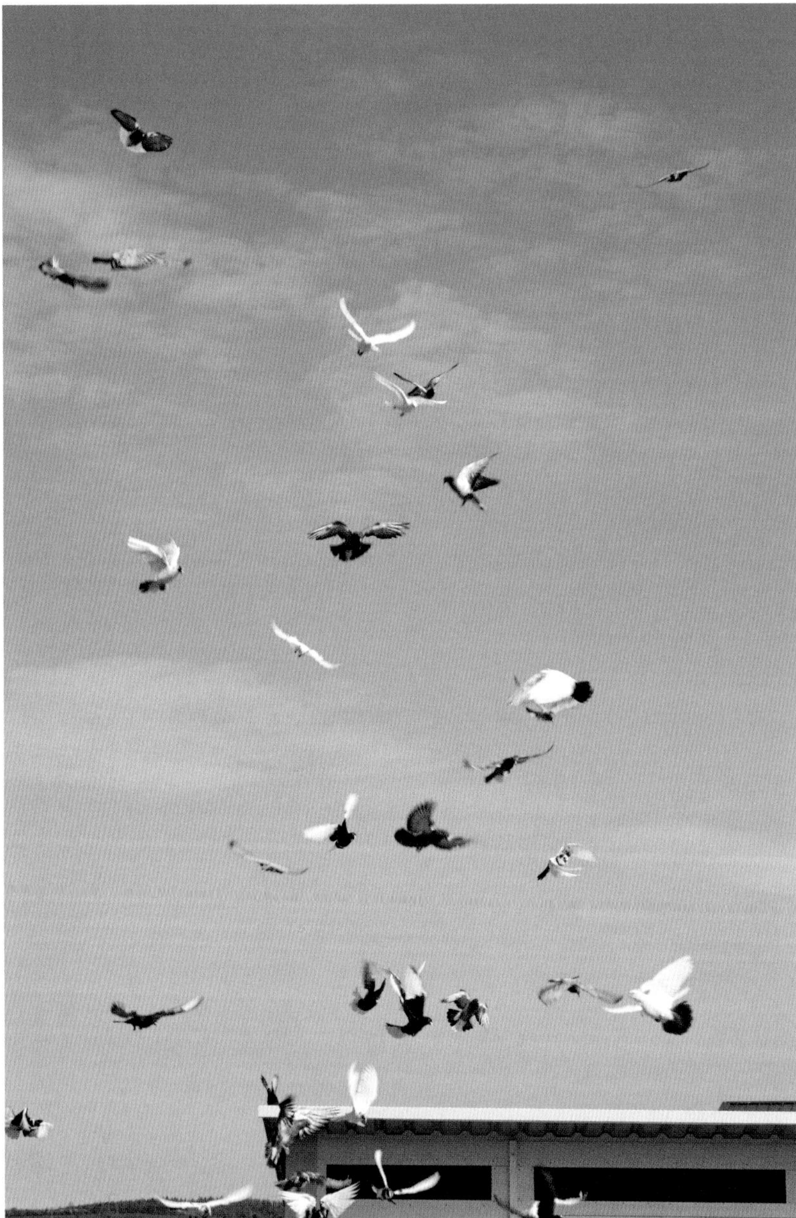

Wuta-Sturzflugtauben (S. Schneider, Viernau)

Natürlich sind die Mittsommertage für unseren Hochflugtaubensport besonders günstig. Dann herrscht zumeist gutes Flugwetter. Der Himmel ist klar, wolkenlos, windstill, die Sonne scheint und bewirkt durch ihre Erdbestrahlung flugfördernde Aufwinde, die von unseren Hochflugtauben geschickt zum Fliegen ausgenutzt werden.
Für das Gelingen guter Hochdauerflüge spielen insbesondere die Luftdruckverhältnisse eine große Rolle. Liegen diese in den oberen Luftschichten günstig, so ermöglichen sie einen nahezu perfekten Höhenflug. Damit hängt auch zusammen, dass oft bei vermeintlich ungünstigem Flugwetter – wie der Züchter aufgrund seiner optischen Wahrnehmung irrtümlich annimmt – erstaunliche Hochflugleistungen von den Tauben gezeigt werden.
Wie faszinierend etwa ist das zirzensische Gaukelspiel von rassigen Rollertauben oder das atemberaubende Abwärtssausen mancher Sturzflieger aus oft großen Flughöhen.

Alle unsere Leistungstauben sind gute Dressurvögel. Man kann sie mit etwas Geschick auf ein bestimmtes Verhalten abrichten. Das gilt auch beispielsweise von den phänomenalen Bodenpurzeltauben, welche gar nicht mehr fliegen, sondern stattdessen am Boden oder auf teppichunterlegtem Vorführtisch ihre eleganten Rückwärtssalti auf Züchterkommando hin vollführen.
Die Leistungen im Balzfliegen der Ringschläger stellen desgleichen eine auffällige Besonderheit dar. Nicht mehr so in Mode sind die Schnellflugtauben, also Tümmler, die wie Brieftauben auf Reisen geschickt werden.
Auch heute noch kommen neuartige Rassen ins Land, die Besonderheiten aufzuweisen haben. Es haben aber auch einheimische Züchter die Hände nicht in den Schoß gelegt und eigene Neukreationen geschaffen. Da tauchen dann zum Beispiel Stader Hochflieger auf, um sich mit den anderen fliegerisch zu messen.
Leistungstaubensport ist etwas Lebendiges. Nicht zuletzt deswegen begeistern sich dafür so viele Zeitgenossen. Die internationalen Kontakte sind ohne Ausnahme gut geworden. Man tauscht Tiere aus, aber auch Erfahrungen. So ist diese Taubenliebhaberei heute in der Tat ein weltweites Hobby geworden.

Wettflugveranstaltungen

Es bleibt nicht aus, dass unser Flugtaubensport dazu reizt, Wettflüge unter gleich gesinnten Sportfreunden durchzuführen. Und so werden heute privat und offiziell von den Spezialvereinigungen für Flugtauben in Deutschland Wettflüge im Hoch- und Dauerfliegen sowie Rollwettbewerbe veranstaltet. Aber desgleichen sind auch Veranstaltungen wie Ringschlag-Wettbewerbe, Bodenpurzeltauben-Turniere, Flugkasten-Vorführungen usw. sehr beliebt geworden. Auch die bekannter gewordenen Sturzflieger messen sich im Wettbewerb und bieten den Zuschauern da einiges an aufregendem Flugspiel. Klatschtümmler präsentiert man in geschlossenem Raum vor erstauntem Laienpublikum. Stilflieger zeigen ihr Können bei ihren Wettbewerbsveranstaltungen.

Die Züchter von Hochflugtauben bewerten dabei die Flugleistung nach der geflogenen Höhe und haben dafür ein Punktschema ausgearbeitet. So erhält ein Flugstich von mindestens fünf **Danziger Hochfliegern** auf einem Wettstreit für das Fliegen in einer Höhe bis zu 300 m pro Minute einen Punkt, von 300 bis 600 m drei Punkte und 600 m und mehr fünf Punkte. Fällt über die Hälfte der am Wettflug teilnehmenden Tiere an, so gilt der Flug als beendet.

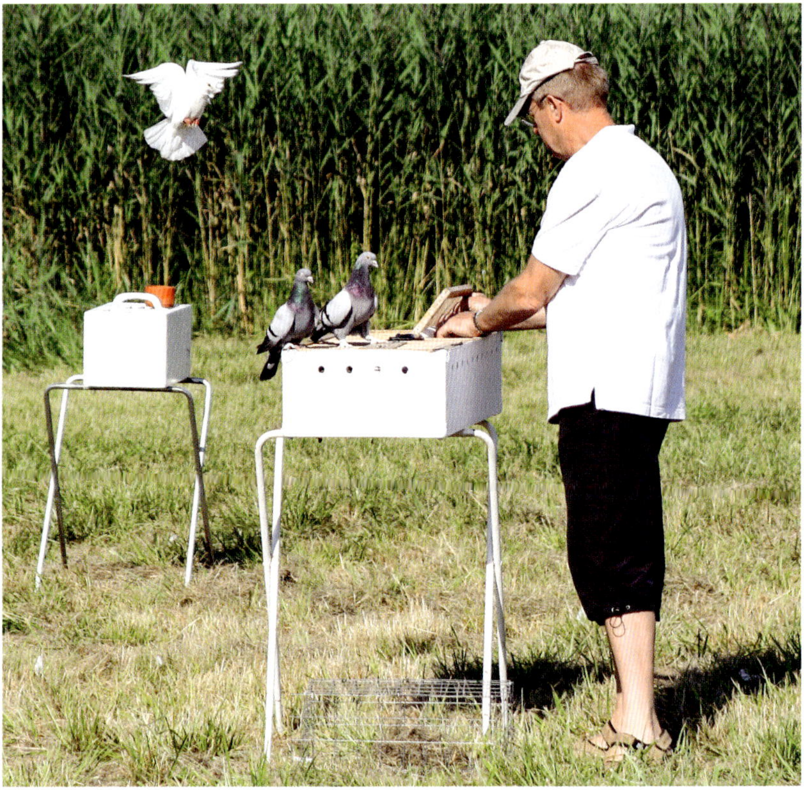

Ein Flugwettbewerb vom Flugkasten aus mit Takla-Klatschtümmlern und weißem Dropper

Sehr viel schärfer richten die Züchter von **Wiener Hochfliegern**. Bei ihnen müssen mindestens zwölf Tiere an den Start gehen. Prämiert wird nur das Fliegen in Schmetterlingshöhe mit 1 Punkt pro Minute und in Flimmerhöhen mit 2 Punkten. Hinzu kommen dann noch diverse Punkte für besonders große Flugstiche, schnelles Aufsteigen in Preishöhe und sofortiges Aufsuchen des Schlaginnern. Die Bewertungsgrundlage variiert da manchmal bei den infrage kommenden Vereinen ein bisschen.

Dagegen wird bei den Wettflügen von **Flugtipplern** nur die Flugdauer gewertet. Diese Hochflugtauben vermögen enorm lange zu fliegen, sodass eine derartige Bewertungshandhabe gerechtfertigt ist. Sie macht es außerdem möglich, dass sich jeder deutsche Züchter mit seinen Flugtipplern an den Flugwettbewerben beteiligen kann. Denn auch ein Laie vermag anhand der Uhr die Flugdauer exakt festzustellen, während bei einem Werten auf Flughöhe nur besondere Fachleute als Schiedsrichter amtieren können.
Im Gegensatz zu den Wiener Hochfliegern, deren Züchter meistens nur einmal im Jahr zu einem beliebigen Termin einen Preisflug mitmachen, werden für die Flugtipplersportler alljährlich sieben vorher genau festgesetzte Wettflüge veranstaltet, an denen sie sich mit Alt- und Jungtauben unter Einhaltung einer Wettflugordnung beteiligen können.

Orientalische, Birmingham, Galatzer Roller usw., die fliegerisch vom „Deutschen Flugroller-Club“ betreut werden, bewertet man auf Rollwettbewerben aufgrund der gezeigten Luftakrobatik. Man hat dazu ein Punktschema mit detaillierten Bestimmungen erarbeitet, nach dem die Schiedsrichter „den Stich abnehmen“.

Bei den **Memeler Hochfliegern** und **Hannoverschen Tümmlern**, bei denen man sich erfreulicherweise auch wieder um die Wettfliegerei bemüht, legte man der Wertung ein Schema zugrunde, das mit geringen Abweichungen etwa dem der Danziger Hochflieger ähnlich ist.

Die ausführenden Clubs und Vereine

Ein recht ausgedehntes Wettflugprogramm bietet der „Deutsche Hochflug-Club“ für nahezu sämtliche Rassen an. Regionalgruppen ermöglichen eine reibungslose Bewertung der vorgeführten Flugstiche.
Auf ganz ähnliche Art und Weise arbeiten hier auf regionaler und auch auf nationaler Basis weitere Clubs wie der „Flugtauben-Verein Niedersachsen“ oder der „Verein für Hochflug- und Rollertaubensport“, gegründet 1980.
Ins Wettfluggeschehen eingegriffen haben ebenfalls mit Stilfliegen der „Verein Nikolajewer Hochflieger“ und der „Deutsche Bodenpurzler-Club“ mit seinen Bo-

denakrobatiktauben sowie auch der „SV d.Z. von Ringschlägertauben“ mit Wettdrehveranstaltungen. Im Gebiet der ehemaligen DDR war es seit 1975 die „SZG Flugsporttümmler“ mit ihren vier Untergruppen „Hochflug“, „Kunstflug“, „Dauerflug/Flugtippler“ und „Bodenpurzler“, die durch entsprechende Aktivitäten von sich reden machte.
Seit der Wiedervereinigung mischen Flugtaubenfreunde aus Ostdeutschland in den Spezialclubs der „alten Bundesländer“ mit. Allein in Thüringen existiert noch ein auf dieses Bundesland begrenzter Hochflugtaubenverein. Auch haben wieder in manchen Sondervereinen, die bisher die fliegerische Seite bei ihrer Rasse ziemlich vernachlässigt hatten, Gedanken um Wettbewerbe „mit den Flügeln“ Einzug gehalten. Im Lager der Wiener und Danziger Hochflieger war dies immer schon der Fall. Sie haben Tradition auf diesem Gebiet.

Gemessen am ersten gesamtdeutschen Wettbewerb unter der Regie von Rübesamen, Halle/Saale, sind die Beteiligungszahlen enorm angestiegen. Und die erreichten Leistungen haben ein zuvor nicht gekanntes Niveau angenommen. Wie gegenwärtig die Leistungen sind, ist bei den einzelnen Rassen nachzulesen.
Tradition haben – wie erwähnt – die Hochflugwettbewerbe des „SV d.Z. Wiener und Budapester Tümmler“ mit den diversen Untergruppen. Nicht viel standen früher die Aktivitäten des Memeler-Clubs in den Ursprungsregionen nach. Nicht allein im Hochfliegen maßen sich da die Züchter, sondern manche schickten diese Tümmlerrasse auch auf Weitstrecken wie die Brieftauben. In ganz Deutschland sind Ansätze erkennbar, dass Memeler Hochflieger noch nicht als Leistungstauben völlig abgeschrieben sind.
Seit 1948 war regional im Wienersport in Braunschweig der „TZV“ aktiv, in Barleben eine gleichartige Gruppierung. Hier wird Vorbildliches seit vielen Jahren geleistet. Die eigentliche Konsolidierung im Wettflugwesen setzte allerdings erst nach den 1950er-Jahren ein. 1957 gründete sich mit der „Deutschen Flugtippler-Union“ eine Spezialvereinigung, die seitdem mit ihren bis zu 200 Mitgliedern ein ausgedehntes Wettflugprogramm für diese Hochdauerflugtauben Jahr für Jahr durchgezogen hat. Ab 1964, als der „Deutsche Flugroller-Club“ gegründet wurde, ist auch dem Flugrollersport ein bis dahin nicht gekannter Zulauf an neuen Sportfreunden erwachsen. Über 300 Rollerzüchter sind es derzeit, die hier Fliegesport in den Untergruppen betreiben.
1967 wurde mit dem „Deutschen Bodenpurzler-Club“ auch für die Freunde der Bodenakrobatiktauben eine Spezialvereinigung aus der Taufe gehoben, die seither alljährlich Turniere für diese Leistungsvögel veranstaltet.
1970 folgte mit dem „Deutschen Hochflug-Club“ ein Flugtaubenklub, der sämtliche Rassen unter seine Fittiche nahm, die sonst kaum je Förderung erfuhren – dies alles unter dem Aspekt der ausgesprochenen Hochfliegerei. Hier wurden also auch

Rassen aus Ost- und Südost-Europa heimisch, um nur ein Beispiel zu nennen. Aus diesem Verein, der auch über 200 Mitglieder zählt, zweigten sich mehr regional arbeitende weitere Klubs ab, die inzwischen auch über respektable Mitgliederzahlen verfügen. Seit einigen Jahren hat sich der „Verein Nikolajewer Hochflieger und flugstilverwandter Rassen" auf Wettflugveranstaltungen allein unter dem Aspekt „Stilflug" spezialisiert.

Bereits seit 1921 existent ist der „SV d.Z. Rheinischer Ringschläger", (heute „SV d.Z. von Ringschlägertauben"), der neuerdings verstärkt im Wettdrehen Aktivitäten entwickelt hat. Als Neuheit sind Anatolische Ringschlagtauben hinzugekommen. Auch um den Erhalt oder die Wiedererlangung der Ringschlagfähigkeit der anderen Ringschlagrassen wird sich bemüht.

Neu auf den Plan kamen die Züchter von asiatischen Klatschtümmlern. Derzeit sind über 50 Vereinsmitglieder im V.A.K. mit Rassen befasst, die etwa aus Kasachstan usw. mit Russlanddeutschen hierher gekommen sind. Intensiv bemüht man sich um die Wettfliegerei. Auch für türkische Klatschtümmler und einige anderen Rassen existieren kleinere – manchmal nur zeitweilig – Spezialvereine, die oft ohne die Öffentlichkeit zu suchen agieren. Solchen Wettbewerben liegen schriftlich fixierte Regeln zugrunde, nach denen alles abgewickelt wird. Hierüber geben die zuständigen Vereine gern nähere Auskünfte an Interessenten.

Der „Verband Deutscher Rassetaubenzüchter" hat Initiativen entwickelt, ein einheitliches System in die diversen Formen des hier betriebenen Leistungstaubensports zu bringen. Gewachsene Traditionen stehen solchen Bestrebungen manchmal entgegen. Außerdem sind auch hiesige Vereinigungen nicht selten eingebunden in internationale Dachverbände. Im Roller- und Flugtipplersport etwa ist dies der Fall. Jedoch allein schon die Tatsache, dass man Gemeinsamkeiten in Szene setzen will, ist etwas Gutes.

Wettbewerbsveranstaltungen leben vom Zuschauerinteresse. Anfängern sei empfohlen, sich dort ein Bild von dem in Aussicht genommenen Hobby zu machen.

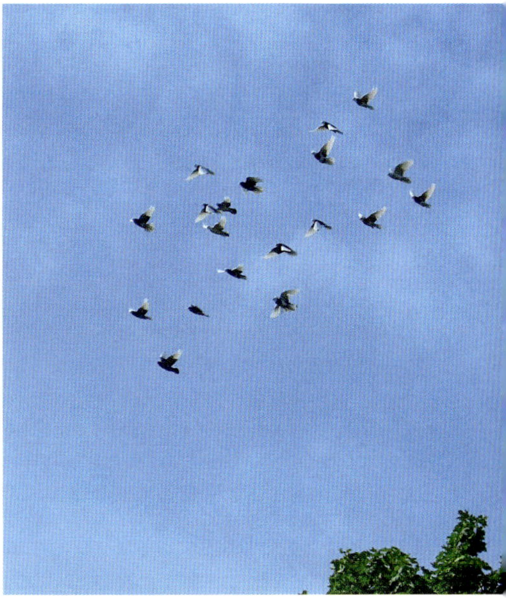

Ein Stich Birmingham Roller (H. Böttcher, Lunestedt)

Flughöhen

Unsere Flugtauben fliegen nicht nur ausdauernd oder üben sich in Luftakrobatik, sondern steigen bei ihren Flügen auch sehr hoch. Wie hoch sie dabei fliegen, hat zu vielen Diskussionen Anlass gegeben. Leider sind Messgeräte zu teuer, um durch exakte Höhenfeststellung hier jedwedem Zweifel entgegentreten zu können. In Wien und Stettin half man sich damit, dass man Flugzeuge auf bestimmte Höhen steigen ließ und aus ihnen einen Schwarm Flugtauben warf, der dann von unten in bestimmter Sichthöhe ausgemacht werden konnte. Diese Größen wurden festgelegt zur Wettflugbewertung.
Selbstverständlich spielen hierbei die Wetterverhältnisse eine große Rolle und auch die Farben der Tauben. Bei diesigem Wetter wähnt man die Tauben eher in Flimmerhöhe als bei strahlend blauem Himmel. Helle Tauben verschwinden schneller im Blau des Himmels als dunkle. Aber auf Kleinigkeiten kommt es dabei nicht an. Es lassen sich nur in großen Zügen die Flughöhen festlegen.

FLUGHÖHEN

Man hat sich heutzutage darauf geeinigt, folgende Höhen zu bezeichnen:

1. *Kirchturmhöhe, 80 bis 120 m*
2. *Starenhöhe, 200 bis 400 m*
3. *Sperlingshöhe, 400 bis 600 m*
4. *Schmetterlingshöhe, 600 bis 800 m*
5. *Flimmerhöhe, 800 bis 1000 m*
   (das einzelne Tier ist als flimmernder Punkt zu sehen)

Wie bereits aus dem vorigen Kapitel zu ersehen ist, legen einige Flugtaubensportler ganz besonderen Wert auf das Hochfliegen, andere nicht so sehr. Es bleibt letztlich eine Geschmackssache, welches Ziel sich der einzelne Züchter setzt. Nach meinem Dafürhalten ist es schöner, einen Stich Flugtauben hoch im Blau dahinziehen zu sehen, als ihn ständig um den Schornstein kreisen zu haben. Dennoch: Beide leisten gleich viel. Das gilt auch für die Kunstflieger, die Rollertauben, bei denen die akrobatischen Luftkünste wertgleiche Leistungen darstellen. Bei den Artisten unter den Flugtauben sollte man sogar nicht allzu lange Flugzeiten anstreben und ermöglichen. Denn dadurch wird die Intensität des Tümmelns, Rollens, Werfens, Purzelns und Stürzens gemindert. Unsere ausgesprochenen Hochflugtauben sollten aber ruhig zu ausdauerndem Flug angehalten werden, weil darunter das Fliegen in großen Höhen nicht in Mitleidenschaft gezogen wird.

Die Flugtaubenrassen

Durch die weite Verbreitung des Flugtaubensports entwickelten sich im Laufe der Zeit verschiedene Rassen. Ich möchte in diesem Buch nur diejenigen Rassen eingehend vorstellen, die bei uns in Deutschland zu finden sind und auch heute noch mehr oder weniger zum Fliegen angehalten werden. Eine Vielzahl von Tauben, die zwar noch „Tümmler" oder „Hochflieger" genannt werden, aber sich diese Bezeichnung in Wirklichkeit verwirkt hat, kann höchstens namentlich erwähnt werden.
Wir können heute nur noch die im Folgenden aufgeführten Rassen – wenn auch oft unter großen Bedenken – den Leistungstauben zurechnen, die zur Ausübung des Flugtaubensports zu gebrauchen sind.

Flugtippler

Eine überragende Stellung im Flugtaubensport nimmt aufgrund seiner enormen Flugleistungen der Flugtippler ein. Diese Rasse konnte bisher davor bewahrt werden, durch Abfassen einer Musterbeschreibung zum Ausstellungstier zu werden. Sie ist aus englischen Tümmlern durch zielbewusste Zuchtwahl entstanden und hat es in aller Welt zu einer Verbreitung gebracht wie keine zweite Flugtaubenrasse. Die Flugleistungen des Flugtipplers werden manchem kaum glaubhaft erscheinen.

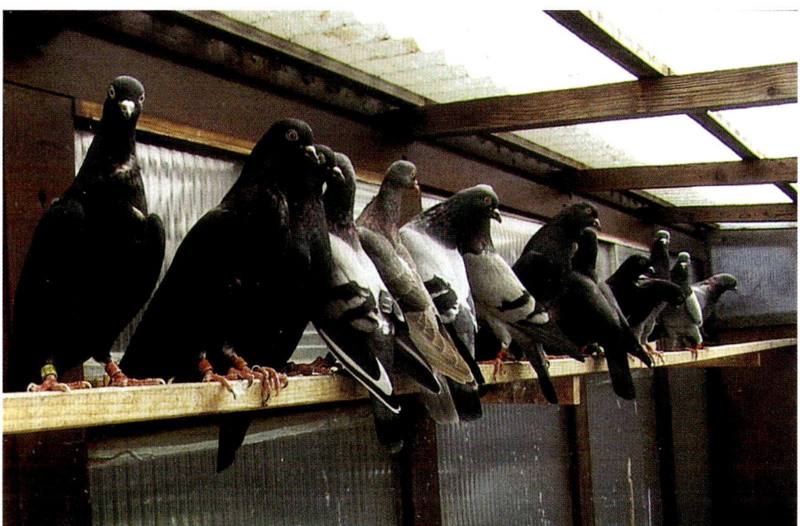

Eine Flugtippler-Gruppe (K. Kocholl)

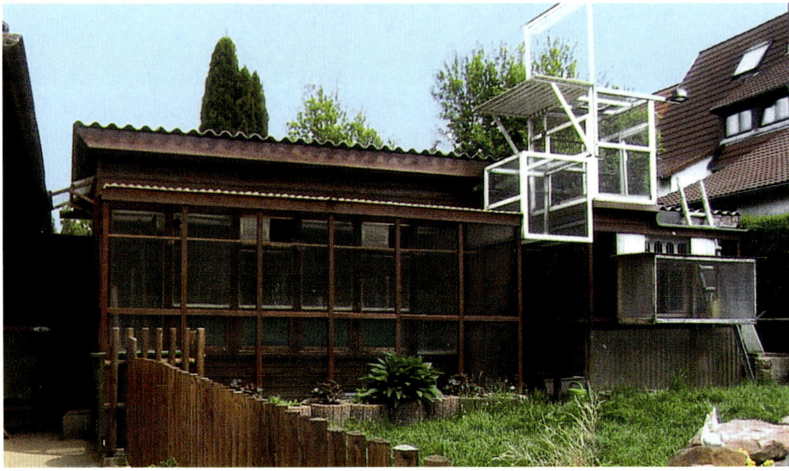

Die Zucht- und Fluganlage des Rekordfliegers Karl Kocholl

Der Weltrekord dieser Leistungsrasse steht gegenwärtig bei den Alttauben bei 22 Stunden und 5 Minuten, die ein Team aus dem Schlag des Iren Harry Shannon, Lisburn, 1995 beim offiziellen Wettfliegen der „National Tippler Union of Great Britain" (NTU) erzielt hat.

Bei den Jungtipplern gab es 2004 für Deutschland eine kleine Sensation. Denn drei Tiere von Karl Kocholl, Mudau/Odenwald, brachten am 19. Juni im Rahmen der Wettflüge der DFU die Rekordmarke auf sage und schreibe 20 Stunden und 29 Minuten. Was man nahezu nicht für möglich gehalten hatte, ist eingetreten: Ein kontinentaler Züchter vermochte den Tipplersportlern aus dem Mutterland Britannien Paroli zu bieten.

Bei den Alttipplern steht in Deutschland der Nationalrekord seit 2013 in Verbindung mit dem Namen von Senad Muhic, Langenhagen. Seine Tippler-Täuber blieben 20 Stunden und 37 Minuten auf den Flügeln beim DFU-Wettfliegen.
Es gibt immer wieder etliche nationale Flugverbesserungen durch Landesrekorde auch in Indien (dem asiatischen Herkunftsbereich so vieler auch europäischer Flugtaubenrassen), wo der Züchter Mr. Lal, Pallakad, Kerala/Südindien, seine Tipplertauben auf 20 Stunden und 30 Minuten beim Fliegen der „National Pigeon Fliers Association" (NPFA) brachte.
Viele großartige Flugleistungen werden erzielt. Werden sie in offiziell anerkannten Vereinen erflogen, sind sie dann auch als Rekorde gültig. Maßgeblich ist hier in aller Regel das Flugreglement der NTU aus Großbritannien.

Der Flugtippler ist heute als Flugtaube in Deutschland sehr verbreitet. Aber auch bei uns gibt es keine Musterbeschreibung für diese Rasse. Es existieren verschiedene Stämme, die jedoch trotz ihrer kleinen Unterschiede alle gleichermaßen ausdauernd zu fliegen verstehen. Selbst kleine Typen unter ihnen vermögen beste Flugleistungen zu zeigen. Das hängt viel von der Aktion ihrer Flügel ab. In ruhigem Flugstil bewegen sie nur leicht und kraftsparend die Handschwingen, sodass es oft aussieht, als schwebten sie. Man nennt dies den „Schmetterlingsstil".
Flugtippler fliegen in kleinen Formationen von drei, fünf und mehr Tieren sehr gut. Sie werden von jung auf mit einer Locktaube vertraut gemacht, fallen also immer erst dann ihren Schlag an, wenn der Züchter durch das Heraussetzen der Locktaube dafür ein Zeichen gibt. Bei täglich nur einmaliger Gerstenfütterung und einer Gabe von Wasser fliegen die Tiere jeden dritten Abend gut und gern drei bis fünf und mehr Stunden, selbst bei schlechtem Wetter.

Zum Wettfliegen baut man sie eine Woche zuvor durch genau dosiertes Futter auf, sodass sie unter günstigen Bedingungen praktisch vom ersten Sonnenstrahl bis in die Nacht hinein durchfliegen können. Die Behandlung der Tiere erfordert dann Sorgfalt, zumal die Wettflugordnung sehr harte Bestimmungen aufweist. Die Züchter gehen deshalb oft zur besonderen Boxenhaltung über, die eine genaue Kontrolle jedes Tieres ermöglicht.
Wenn auch durchweg sämtliche Typen unter den Flugtipplern den Schmetterlingsflugstil perfekt beherrschen, so ist der Flugablauf doch oft unterschiedlich.

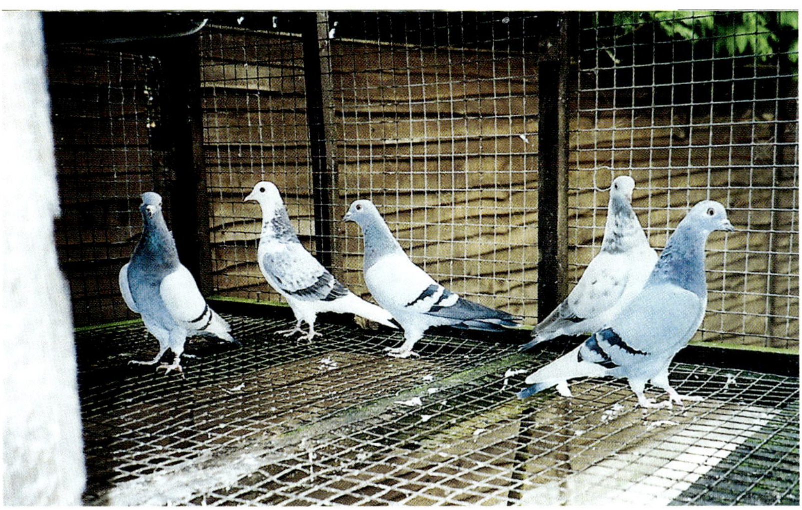

Ein Team von fünf Tippler-Täubinnen (H. Shannon, Irland)

Es gibt Flugtippler, die sofort auf große Höhen steigen und in ruhigem Schwebeflug wie Pünktchen am Blau des Himmels schweben. Es gibt aber auch Tiere, die sehr wechselvoll fliegen. Mal stehen sie in großer Höhe, mal kommen sie auf Kirchturmhöhe, mal ziehen sie kilometerweit weg. Flugtippler scheinen ein Gefühl dafür zu entwickeln, in welchen Luftschichten sie am besten fliegen können. Daher erklärt sich wohl auch ihr wechselvoller, höchst interessanter Flug.

Flugtippler haben sich bis heute ein sehr schlichtes Äußeres bewahrt, eine echte Leistungsform. Wir finden sie in allen möglichen Farben und Zeichnungen, denn darauf legt der Züchter keinerlei Wert. Entscheidend allein ist die fliegerische Güte der Flugtippler.
Ein Abdrehen kommt bei Flugtipplern kaum vor. Diese Tauben leisten selbst bei sehr schlechtem Flugwetter noch Erstaunliches. Man kann sie zu jenen Tauben zählen, die sich durch außergewöhnlich großen Zuchtfleiß hervortun. Sie rechnen zur absoluten Weltklasse der Leistungstauben.
Auf den Wettflügen, die genau auf Tag und Uhrzeit vorher festgesetzt worden sind, wird allein die Flugdauer gewertet, sodass auch Laien als Schiedsrichter amtieren können. Dadurch begründet sich auch die meist hervorragende Wettflugbeteiligung bei der „Deutschen Flugtippler-Union“ (DFU).

Wiener und Budapester Hochflieger

Wiener Hochflieger sind als gute Flugtauben bekannt. Besonders die Hellgestorchten machten im Flugtaubensport diese Rasse weltberühmt. Leider gibt es heute bereits viele Wiener Tauben, die lediglich noch dem Namen nach Hochflieger sind. Man sollte sich deshalb nur von solchen Züchtern Tiere zulegen, die die Gewähr dafür bieten, dass es sich um wirkliche Leistungstiere handelt. Am ehesten sind das solche Züchter, die sich aktiv an Wettflügen beteiligen.
Der Wiener Hochflieger ist kein Dauerflieger, aber ein guter Hochflieger, der bei entsprechendem Training tagtäglich

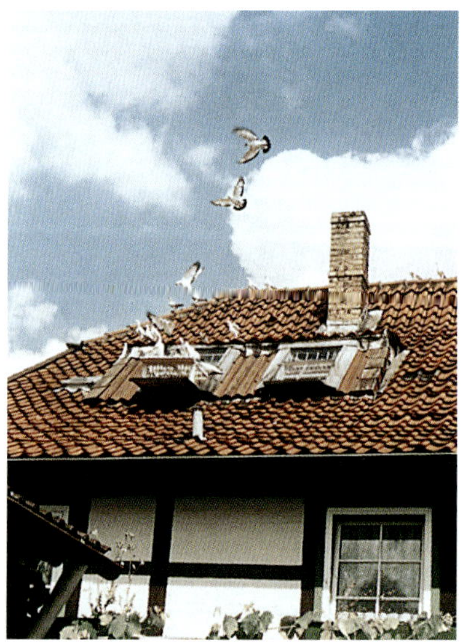

Anflug eines Stiches Wiener Hochflieger bei H. Sprinck

auf höchste Höhen steigt und dort in forschem Flug und engen Wendungen, oft gewürzt mit einem Wurf in Form einer Achterlinie, sein Temperament entfaltet. Interessant ist sein äußerst schneller Aufstieg. In engen Spiralen schraubt sich der Stich, nahezu auf den Schwänzen stehend, in den Himmel. Er bleibt während des Fluges in enger Formation zusammen. Die Flugzeiten gut trainierter Stiche liegen bei ungefähr zwei Stunden, wovon aber die meiste Zeit in Preishöhe absolviert werden soll.

Im Schlag ist der Wiener Hochflieger eine temperamentvolle Taube, die mit wachen Instinkten die Umwelt betrachtet und bei der geringsten Kleinigkeit mit vibrierenden Flügeln und auf Zehenspitzen stehend wie zum Abflug bereit ist. Das ist eigentlich erfreulich, aber zugleich Ursache für eine Untugend dieser Rasse. Wiener Hochflieger drehen nämlich leicht ab, wenn sie in Hochform kommen. Man nimmt an, dass sie durch einen unvorhergesehenen Zwischenfall nervös werden, höher und höher steigen und dann nach Stunden ermattet in ihnen unbekannter Umgebung wieder zur Erde zurückkehren. Nur in den seltensten Fällen bekommt der Züchter sie dann wieder. Aber Wiener Hochflieger vermehren sich gut und sorgen schnell wieder für Nachwuchs, sodass diese Untugend darüber vergessen werden kann.

Es gibt diesen mittelschnäbligen Hochflieger praktisch in allen Farben; doch sind insbesondere Hellstörche, die Stockblauen und die Schimmel auf den Flugschlägen zu finden. Man sollte keinen allzu großen Wert auf mustergerechte Tiere legen.

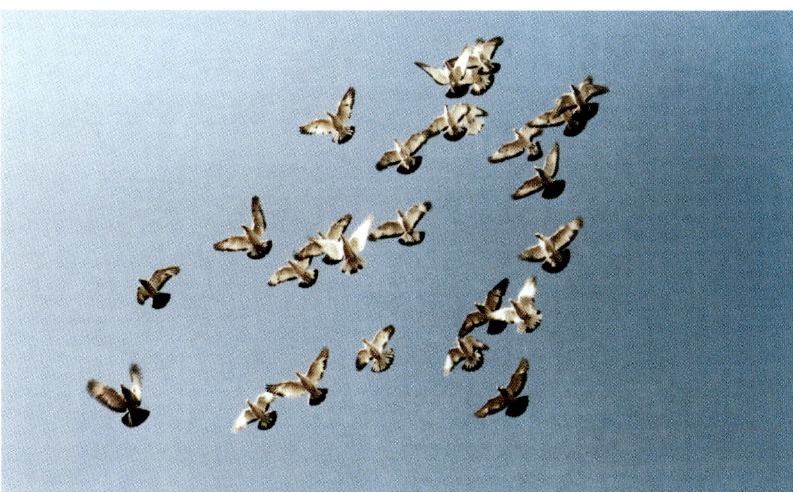

Ein Stich hellgestorchter Wiener ergibt ein faszinierendes Flugbild.

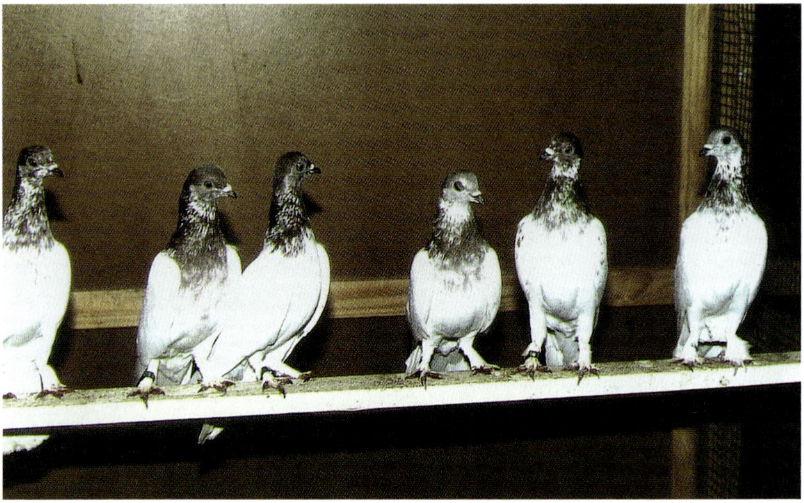

Budapester Hochflieger in Rot-Kranzhalsig (H. Schöneberg, Hamburg)

Flugwiener brauchen nicht etwa wie ihre Ausstellungsvettern auszusehen, also beispielsweise drosselgroß zu sein, einen fingerdicken Hals und einen recht kleinen, trockenen, sehr gekanteten Schädel zu haben.
Echte Wiener Hochflugtauben müssen einen robusten, drahtigen Eindruck machen, damit sie auch mit forscher Eleganz ihre Leistungsflüge durchstehen können. Man fliegt sie meistens in großen Trupps. Zwölf Tiere müssen sich schon mindestens in einem Stich befinden.

Die mit dem Wiener Hochflieger eng verwandten **Budapester Hochflugtauben**, die wir inzwischen auch bei uns in hervorragender Güte haben, fliegen wesentlich länger. Das geht auf Kosten der Spritzigkeit. Man hat versuchsweise Einkreuzungen vorgenommen, dadurch aber den für den Wiener Vollblüter so typischen rasanten Flugstil verwässert. Dem sollte Einhalt geboten werden.
Eine Flugdauerbegrenzung bei den Wiener Hochfliegern auf vier Stunden brachte keinen Erfolg und es mangelte auch an der Anerkennung des zuständigen SV. In letzter Zeit besinnen sich immer mehr Züchter auf den Flugstil der Wiener, wodurch die durchschnittlich geflogenen Flugzeiten sich ganz automatisch reduzierten. Die Reise geht hier erfreulicherweise in die richtige Richtung. Ein hoher Index, der sich aus der durchschnittlich geflogen Höhe errechnet, hat hier eine gute Aussagekraft über die Flugverläufe und den Leistungsstand.
Ein typischer Wienerflug mit schnellem Auf- und Abstieg, der engen Flugformation unter Kippen, Schwenken und den sogenannten Achterwürfen passt gut in die

heutige Zeit, die dadurch relativ kurzen Flugzeiten reduzieren ebenfalls das Risiko von Greifvogelangriffen. Von Verlusten durch Greifvögel sind jedoch nicht nur die Liebhaber der Wiener Hochflieger betroffen, sondern insgesamt gesehen alle Züchter hierzulande. Greifvogelsichere Rassen gibt es da leider nicht, wenn es manche Autoren auch unbewiesen in die Welt setzen möchten.

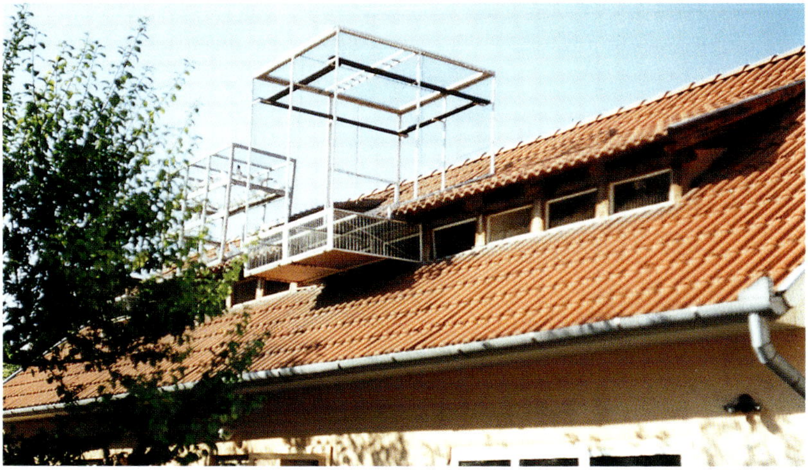

Eine für Ungarn typische Hochfluganlage für Budapester Hochflieger

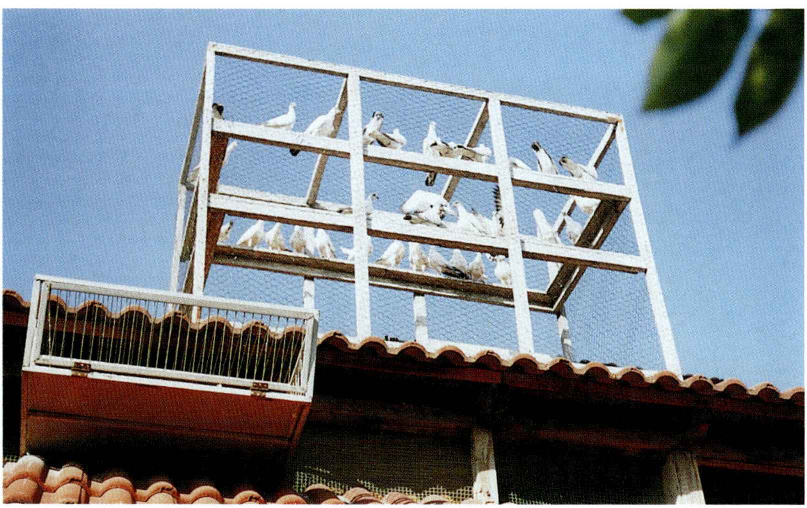

Hier sieht man den Jagekasten der Hochfluganlage.

Die Budapester Hochflugtauben, die ja verwandt sind mit den Fliegern aus Wien, können bei uns nicht gleichermaßen wie diese Fuß fassen. Nur vereinzelt findet man konstatierte Wettflug-Resultate bei deutschen Clubs. In Ungarn ist das ganz anders. In und um Budapest, wo der Hochflugtauben-Verband immer noch mehr als 1000 Mitglieder zählt, kommt es zu erstaunlichen Spitzenzeiten. Das mag an den besonderen Klimaverhältnissen dort liegen, ist aber auch eine Frage des gezielten Trainings. Bringen es die Budapester hierzulande oft auf vier bis sechs Stunden Flugzeit, sind dies im ungarischen Mutterland acht bis gar zwölf Stunden, davon oft mehrere Stunden in unsichtbaren Höhen.
Wie bereits erwähnt, bringt es der Budapester Hochflieger auf „tipplergleiche" Hochdauerflüge. Vielfach behauptet man auch, dass man in Ungarn Flugtippler eingekreuzt hat – ein Trend der sich wieder umkehrt, da das Fliegen in höchsten Höhen nun höher bewertet wird. Wie auch immer, die Ungarn sind immer noch führend in der Hochfliegerei mit ihren Stammrassen.

Danziger Hochflieger

Der Danziger Hochflieger sticht aus der Schar der Flugtauben durch seine eigenartige Figur ab. Er ist lang gestreckt, trägt eine Kappe, einen leicht gewölbten Schwanz und ist in Kopf und Schnabel sehr viel länger als etwa der Flugtippler und der Wiener Hochflieger.
Diese Rasse zählte früher in Deutschland zu den besten Leistungstauben. Der Krieg hat viel zerstört. Jedoch bemühen sich heute wieder verschiedene Züchter, die Danziger Hochflieger zum altgewohnten Leistungsstand zu bringen. Wenn man Wert auf Flugleistungen legt, wird man weniger darauf achten, welch verschiedenartige Farben unter diesen Tauben auftreten. Im Ausstellungskäfig kann man sich davon überzeugen.

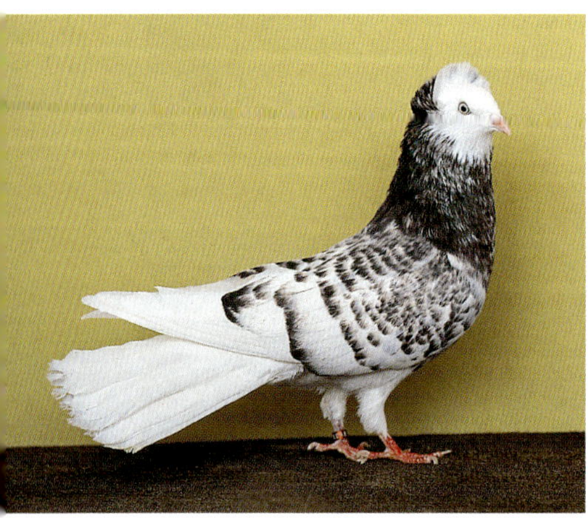

Danziger Hochflieger, hellgemasert

Infolge ihres gewölbten Schwanzes und ihrer gleichmäßigen Flügelarbeit ist diese Taube in der Lage, in großer Höhe zu schweben, oft geradezu stillzustehen, um sich von günstigen Aufwinden tragen zu lassen. Hierdurch bedingt ist ein Verweilen von vier bis sechs Stunden in höchster Höhe bei gutem Flugwetter

und Windstille möglich. Für raues Wetter eignet sich der Danziger Hochflieger jedoch nicht. Er zieht in lockerer, breiter Formation seine Bahnen. Seine Ruhe schützt ihn vor plötzlichem Abdrehen.
Leider ist heute nur noch ein kleiner Prozentsatz dieser bei uns wieder zahlreich anzutreffenden Rasse zu den Flugtauben zu zählen. Auch diese ehemals durchweg schneidigen Flieger haben sich manche Veränderung gefallen lassen müssen, um sie für Ausstellungszwecke anziehender zu machen. Der Verlust der früheren Hochburgen in Ostdeutschland hatte der Rasse den Rest gegeben, sodass heutzutage der Elan bewundert werden muss, mit dem die verschiedenen Züchter auch die Leistungsseite dieser Flugtaube mehr denn je ins rechte Licht zu rücken sich mühen.
In der Vergangenheit sah es nach einem Wiederaufkommen dieser alten Rasse auf fliegerischem Gebiet aus. Das Interesse ist augenblicklich etwas abgeebbt. Das kann aber nicht darüber hinwegtäuschen, dass bei dieser Rasse wertvolle Flieger genug zu finden sind. Es wäre wünschenswert, dass die Züchter wieder öfter ihre Tiere dem Flugwettbewerb stellen würden. Flüge bis zu drei Stunden werden erreicht.

Memeler Hochflieger

Der Memeler Hochflieger hat sich bis auf den heutigen Tag seine Leistungsfähigkeit erhalten, obschon auch bei diesen Tauben die Ausstellungstiere weitaus in der Überzahl sind. Diese Rasse besitzt einen Flugstil, der dem des Flugtipplers ähnelt. So vermag auch sie sehr ausdauernd zu fliegen. Interessant ist, dass der Memeler Hochflieger nicht nur im Trupp fliegt, wenn auch nur in sehr lockerer Formation, sondern sich ebenso als Soloflieger betätigt.

Man hält diese Tauben vielfach in sogenannten Stehtaubenschlägen: kleinen, zu ebener Erde aufgestellten Holzställchen mit Drahtaufbau.
In der Nachkriegszeit hatte so einen Flugschlag in meiner Nähe Albert Guhra, Recklinghausen (früher Memel). Bei einem Besuch in ihrem alten Stamm-

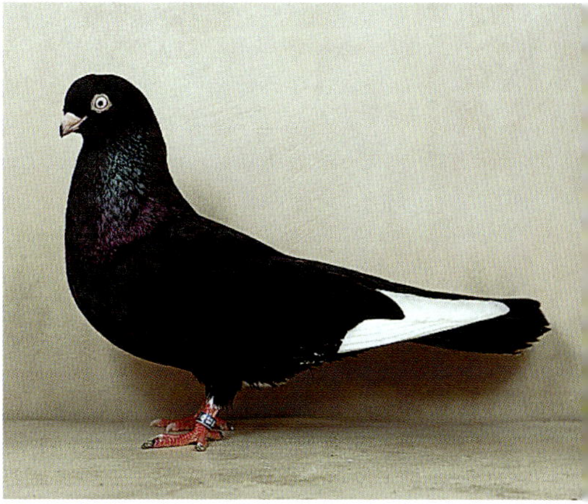

1,0 Memeler Hochflieger (Werner Rahlfs, Steimbke)

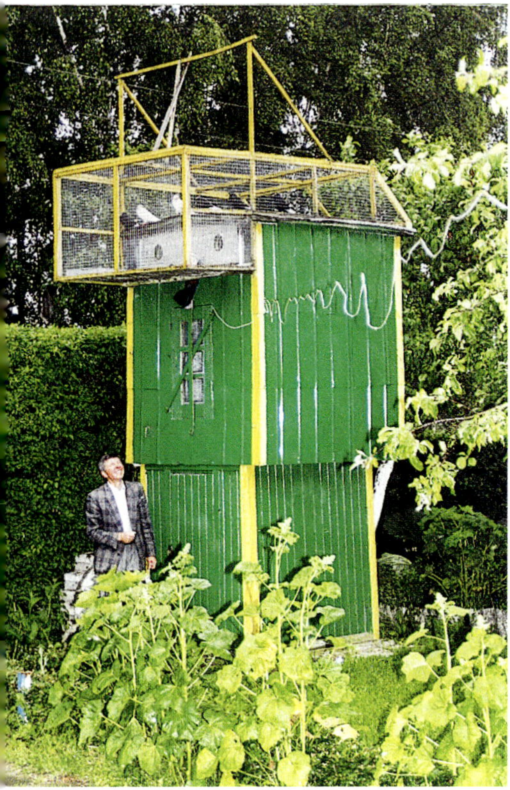

Ein typischer Stehtaubenschlag mit Memeler Hochfliegern

land entdeckte ihr langjähriger Züchter H.-Werner Rahlfs, Steimbke, einen dieser Memeler Stehtaubenschläge, der hier im Foto zu sehen ist. Vielleicht animiert das jemanden zum Nachbau? Es ist aber auch eine kulturelle Sache, sich dieser vitalen Tümmler aus dem Memel-Gebiet anzunehmen. Es handelt sich bei ihnen um zahme, flugwillige Tauben mit gutem Orientierungsvermögen. In den 1930er-Jahren unternahm man mit ihnen auch Streckenflüge nach Brieftaubenart, so wie es seinerzeit auch in vielen anderen Städten praktiziert worden ist, ehe die moderne Brieftaube allem ein Ende setzte.

Heutzutage werden unter optimalen Wetterbedingungen Flugzeiten von bis zu fünf Stunden erreicht; die Mehrzahl der Flüge liegt bei einer Flugdauer von ein bis drei Stunden, dies bis in höchste Höhen. Es gibt also auch bei dieser Rasse immer noch ausgezeichnete Flugbestände, die es weiter zu hegen und zu fördern gilt.

Memeler Hochflieger sind von schlichter Schönheit, lang und kräftig im Körper und in diversen Farbenschlägen bekannt. Es wäre wünschenswert, wenn ihnen aufgrund der in Aussicht genommenen Wettflüge ein neuer Aufstieg vergönnt wäre.

Stralsunder Hochflieger

Die heute auf den Ausstellungen gezeigten Stralsunder Hochflieger geben nur ein unklares Bild des alten Typs wieder, der früher durch seinen schnellen, zackigen Flug in bedeutender Höhe die Hochflugtaubenfreunde begeisterte. Diese Tiere waren stabil gebaut, muskulös durchgebildet und stark im Kopf. Daher ist es nicht verwunderlich, dass sie bestens zu fliegen verstanden.

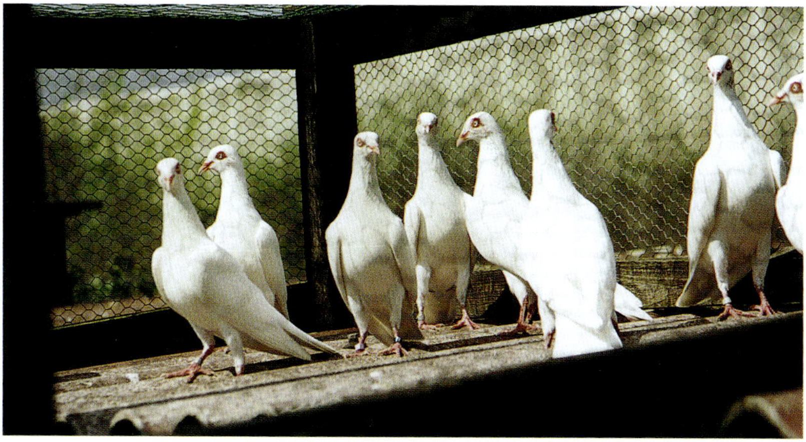

Flug-Stralsunder (F. Kircheis, Wiesbaden)

Durch das Züchten auf Schönheit hat diese Rasse von ihrer Leistungsqualität fast alles eingebüßt. Als Flugtaube trifft man den Stralsunder Hochflieger heute nur noch selten an. Diese Tauben gibt es nur in Weiß, wobei junge Stralsunder oft rötliche Striche am Hals zeigen, die aber später vermausern. Das deutet auf seine verwandtschaftliche Beziehung zu den alten **Cumulet-Tümmlern** hin.
Der Stralsunder Hochflieger wird in großen Fluggemeinschaften geflogen, hält sich in eng geschlossener Formation zusammen und fliegt oft noch temperamentvoller als etwa der Wiener Hochflieger. Diese Tauben stürmen geradezu in zackigen Wendungen hoch am Himmel dahin, halten sich aber dabei doch weitgehend in großer Höhe über dem Schlag auf. Erreicht werden dabei Flugzeiten von zwei bis drei Stunden, erflogen in allen Höhen. Auch hier sollte man alles daransetzen, dieser alten Rasse wieder auf breiterer Grundlage als derzeit im wahrsten Sinne des Wortes auf die Flügel zu helfen.

Nikolajewer Hochflieger

Eine gänzlich neue Variante an Hochflugtauben kam durch den Nikolajewer ins Land, betreut von einem rührigen Flugverein. Bei dieser Taube steht der Stilflug im Vordergrund: Sie schwebt flatternd, ohne zu kreisen, der Schwanz ist dabei zu einem Halbkreis gespreizt. Rassetypisch sind das Schweben, Rütteln und Sicheln. Schwebend fliegen die Tiere bis unsichtbar hoch. Sie sollen, wie ihre Züchter sagen, „über dem Schlag stehen". Zu solcher Art von Fliegen brauchen sie eine gute Thermik und leichten Wind. Es liegt ihnen also nicht jede Wetterlage. Gesteigerter

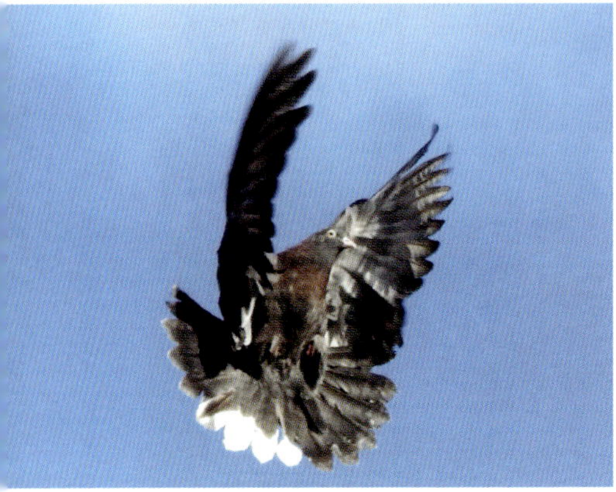

Nikolajewer Hochflieger im Rüttelflug (M. Klitsch, Cronskamp)

Wert wird beim Spezialverein auf die Herausstreichung des rassetypischen Stilfluges gelegt.
Vorbildlich amtiert der Sonderverein bei der Wettfliegerei – und dies inzwischen schon über eine lange Zeit sowohl im VNH als auch bei der deutschen Meisterschaft im VDT.

Nikolajewer Hochflieger fliegen am besten in Stichen zu etwa drei Tieren. Man darf sie niemals mit Rassen zusammen fliegen lassen, die zu den Kreisfliegern zählen. Dadurch würden sie sich diesen Flugstil angewöhnen und ihr rasseeigener ginge verloren. Flugfördernde Thermik und Wind sind Voraussetzung für einen guten Flug. Eine frische Meeresbrise ziehen sie anhaltender, trockener Festlandluft vor. Mithin wird die Geduld des Züchters oft auf eine harte Probe gestellt.

Bei dieser Wertungsausrichtung ausschließlich aufs rassetypische Stilfliegen geht oft die sehr gut ausgebildete Hochflugeigenschaft bei ihnen verloren. Es konkurrieren in anderen Vereinen Stiche mit Nikolajewern und **Griwun-Tümmlern**, die mit ihnen ja verwandt sind, unter reiner Hochflugbewertung ebenfalls ausgezeichnet. Noch enger verwandt mit dem Nikolajewer sind die polnischen **Orlik** sowie **Kursker Hochflieger**, die hierzulande nur in Händen weniger Züchter zu finden sind.

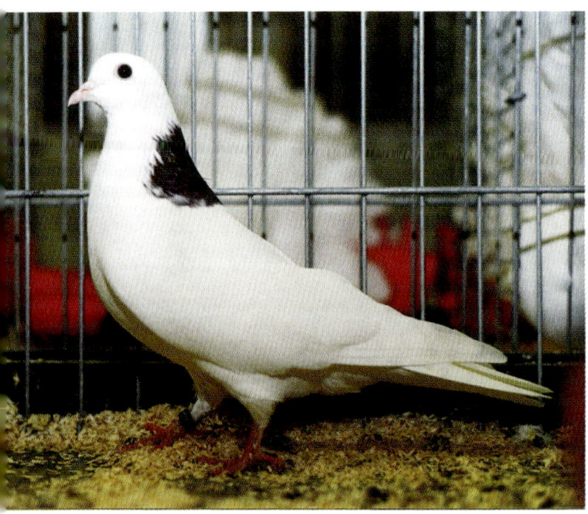

Griwun-Tümmler (W. Hartmann, Dudweiler)

Serbische Hochflieger

Diese vom Balkan stammende Flugrasse hat auch bei uns viele Freunde gewonnen und durch gute Leistungen im Wettfliegen bewiesen, wie vortrefflich sie zu fliegen versteht. Im Stammland Serbien (dort oft auch „Belgrader Hoch-

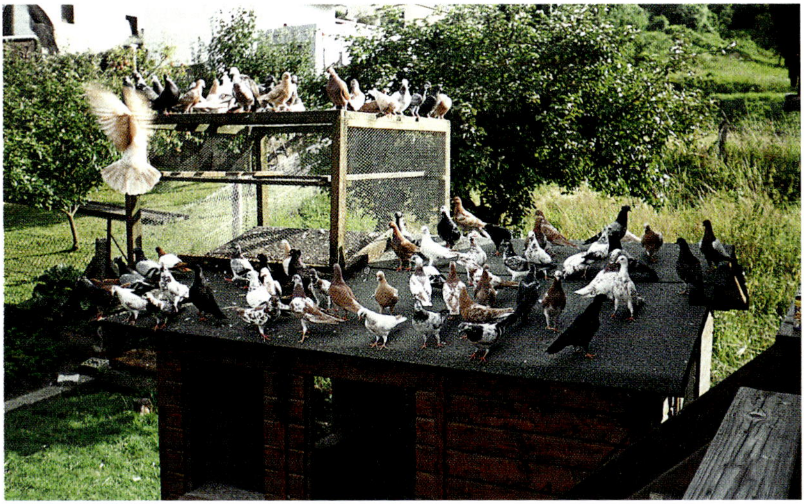

Hochflugtippler und Serbischer Hochflieger (A. Sturm, Neckarbischofsheim)

flieger" genannt) zählen diese Flieger zur Nummer eins. Ihr Flug ist ruhig und gelassen. Wert wird auf ein geschlossenes Fliegen im engen Umkreis über den Schlag, große Höhe und sehr lange Flugzeiten gelegt.

Diese Tauben sind recht großkalibrige Typen, mit einer zierenden Haube versehen. Viele, die sich zum Beispiel für den Danziger Tümmler begeistern, gewinnen auch dem „Serben" viel ab. In seinem Heimatland ist es die Nationalrasse. Bei uns hatte es – leider nur kurzfristig – ab 1980 auch den „Verein Serbischer Hochflieger" gegeben. Seitdem konkurrieren sie in allen Hochflugvereinen. Flugzeiten von sechs bis neun Stunden wurden ebenso wie hohe Punktzahlen erreicht, die vor ihrem Auftauchen mit keiner anderen Rasse erzielt wurden. Gemessen an dem Beliebtheitsgrad dieser Rasse auf dem Balkan nimmt sich bei uns die Wettflugteilnahme immer noch sehr bescheiden aus.

Persische Hochflieger

Eine erkleckliche Zahl an Freunden hat sich der Persische Hochflieger erobert. In der Heimat Iran gibt es eine große Zahl an verschiedenen Hochfliegern. Die hier bekannten Persischen Hochflieger entsprechen dem Teheran- bzw. Keshantyp: eine ausgesprochene Flugrasse ohne viel äußeren Schnickschnack, vorkommend in allen Taubenfarben und teilweise mit Spitzkappe oder Bestrümpfung.

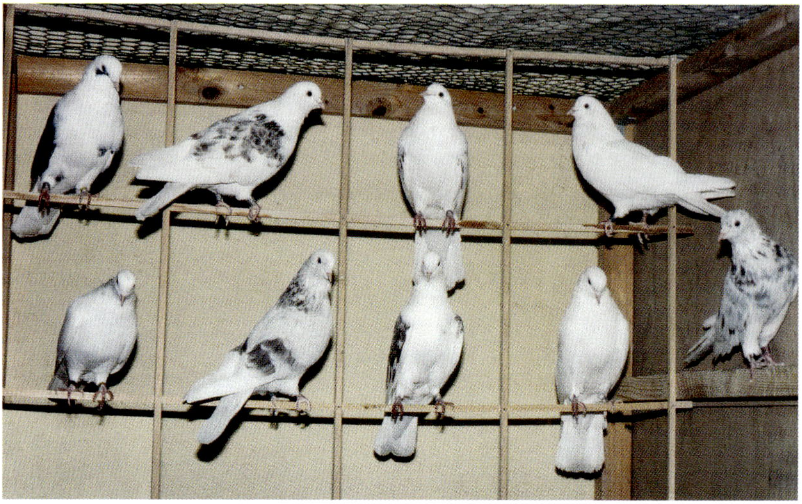

Persische Hochflieger (H. Soudy, Westerland/Sylt)

Im Iran sind diese Tauben sehr populär. Sie fliegen bedächtig, ziehen auf große Höhen und sind recht zutraulich im Wesen. Typisch in der Heimat ist das Fliegen in sehr großen Stichen, teils mit mehreren hundert Tieren. Die Wettflüge sind dort große Feste, errechnet wird der Sieger aus der höchsten durchschnittlich erreichten Flugzeit.

Dass die Tiere dort sehr hoch fliegen, wird als selbstverständlich angesehen und ist bei dem Klima eine Voraussetzung zum Erreichen hoher Flugzeiten. Auch hierzulande werden Flugzeiten von bis zu acht Stunden und mehr erreicht. Typisch ist, dass der Persische Hochflieger kein enger Stichflieger ist, sondern sich in mehrere Grüppchen aufteilt oder gar einzeln fliegt. Je nach Linie ist das Purzeln als Flugspiel unterschiedlich stark ausgeprägt.

Ein ganz ähnliche Flugbild und Spiel zeigen die neu erzüchteten **Bayerischen Hochflieger**, die aus bestimmten Linien des Persischen Hochfliegers herausgezüchtet wurden. Sie sind sowohl als Flugrasse wie auch für die Ausstellung zugelassen. Es bleibt zu hoffen, dass der schwierige Spagat zwischen Ausstellungsschönheit und Flugleistung weiter gelingt.

Darüber hinaus gibt es natürlich noch eine Vielzahl anderer Hochflieger, die ausgezeichnet zu fliegen verstehen, aber hier nicht alle im Detail beschrieben werden können. Oft existieren diese hierzulande aber nur in wenigen Händen.

Orientalische Roller

In dieser Rasse, die schon äußerlich durch ihren hohlen Rücken, der durch den angehobenen Schwanz und die Hängeflügel noch betont wird, auffällt, haben wir nicht allein einen für den Flugtaubensport noch bestens zu gebrauchenden Hochflieger, sondern auch einen Luftkünstler ersten Ranges vor uns.
Diese Tauben vermögen auffallend steil und sehr schnell hochzusteigen. Nach dem Aufstieg beginnt ihr eigenartiges Spiel in den Lüften. Die Tiere setzen dann ein mit dem Überschlagen über dem Schwanz vom einfachen Purzeln bis hin zum schnellen Abrollen, dem Seitwärtsdrehen um die Längsachse, dem Mühledrehen oder dem Schrauben. Von vielen Züchtern gern gesehen werden Kombinationen aus den vorgenannten Figuren.
Diese akrobatischen Kunstflüge sind derart variantenreich, dass diesem Roller darin kein anderer gleichkommt. Bei guter Witterung erreicht der Schwarm in wenigen Minuten Flimmerhöhe und hält es ein bis eineinhalb Stunden aus. Ja, es sind sogar Flugzeiten von bis über fünf Stunden festgestellt worden, wobei dann natürlich das Rollen sehr spärlich ausfällt.
Doch ist die Dauer des Fluges bei dieser Rasse nicht ausschlaggebend. Wichtiger ist, dass der Trupp in die richtige Höhe geht und alle Luftkünste in wechselhafter Folge zeigt. Während der Hauptschwarm, oft angeführt von einer erfahrenen Leittaube, ruhig seine Kreise oder aufsteigenden Spiralen in höchster Höhe zieht, wogt es in ihm andauernd auf und nieder. Die einzelnen Tauben scheinen sich in ihrer Luftakrobatik gegenseitig übertreffen zu wollen. Jede Bewegung lässt einen hohen Grad an Eleganz und Elastizität erkennen.

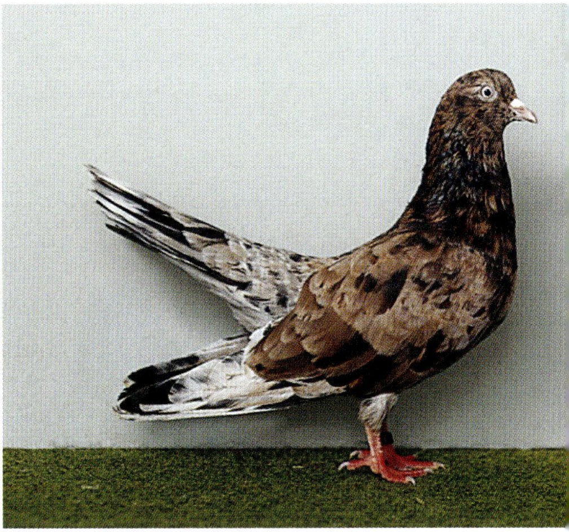

1,0 Orientalischer Roller, vielfarbig (Fritz Harms, Marklohe)

Der Orientalische Roller kommt in vielen Farben vor und hat sich durch seine Urwüchsigkeit bei unseren Flugtaubenliebhabern bestens einbürgern können. Hinsichtlich der Rollleistung müht sich seit 1964 der „Deutsche Flugroller-Club e.V." um dem Orientalischen Roller ganz besonders. Aber inzwischen haben auch die sonst mehr auf Hochfliegerei eingestellten anderen Vereine eigene Wertungsgruppen für diese Leistungsrasse eingerichtet. Leider hat sich der für sie in Ausstellungsfragen

zuständige Sonderverein bislang nicht einmal für ihre fliegerischen Fähigkeiten stark gemacht oder gar Wettflüge mit ihnen durchgeführt. Das alles passierte erst im „Deutschen Flugroller-Club“ und ebenfalls auch in den eigentlich Hochflug betreibenden anderen Nationalclubs wie zum Beispiel im DHC.
Es entstanden schon mal Spannungen, weil die Schwerpunkte der Wertungen leicht unterschiedlich waren: einerseits mehr gerichtet auf das Hochfliegen (was Orientalen ja auch sehr gut gelingt), andererseits mehr auf die Roll-Prozesse hin orientiert. Natürlich ist bei Rollertauben allgemein die Bewertung gar nicht so einfach, wie es auf den ersten Blick erscheint. Da können nur wirkliche Experten amtieren – wenn es gerecht zugehen soll, versteht sich.

Bei dieser Rasse sollte man gesteigertes Gewicht auf den Variationsreichtum von Flugfiguren legen, wie es etwa ihr großer Förderer Freisberg, Duisburg, von Anfang an präferierte. Gerade darin kann sie andere Rollerarten weit überbieten, etwa den Birmingham Roller, von dem im Anschluss die Sprache sein wird.

Birmingham Roller

Tolle Flugartisten sind auch die bei uns in den letzten Jahren ungemein beliebt gewordenen Birmingham Roller. Wie die Flugtippler sind auch sie von englischen Züchtern in den sogenannten „Midlands“ aus alten Tümmlerstämmen selektiert

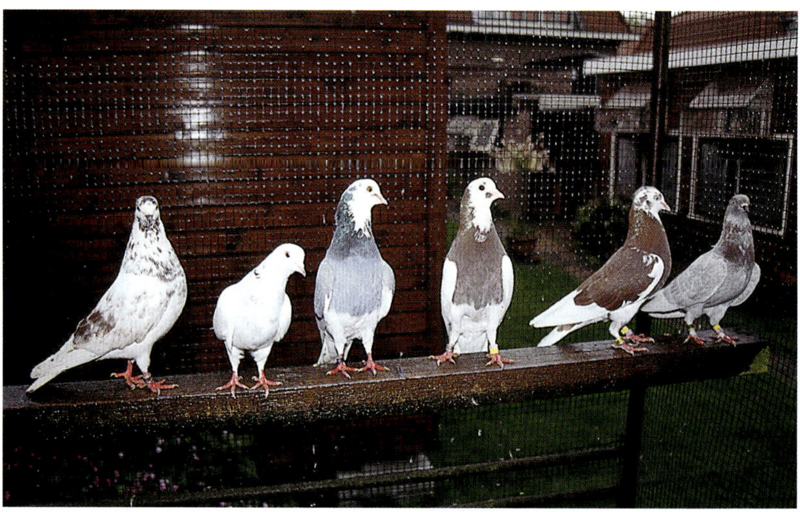

Typische Birmingham Roller

worden. Man schuf eine Rasse von Rollern, die sich durch extremes Abrollen wie keine zweite auszeichnet.

Es sind schlichte Vögel, die bis auf den heutigen Tag wie die Flugtippler nicht nach einer Musterbeschreibung gezüchtet werden. Ob sie nicht gerade deswegen so leistungsstark blieben?

Rollintensität und vorzügliches Zusammenfliegen im Schwarm sind ihnen auf den Leib geschrieben. Ein Bild ihrer rasenden Überschläge gewinnt man, wenn man den Zeigefinger in eng aneinander schließenden kleinen Kreisen möglichst schnell abwärts in einer senkrechten Linie rotieren lässt. Einen Trupp von etwa zwanzig Birmingham Rollern sollte man höchstens auf eine Flugzeit von ungefähr 45 Minuten abrichten. Denn dann ist so ein Gaukelspiel in jeder Flugsekunde gewürzt mit perfektem Intensivrollen.

Viele Tauben, die den Namen „Birmingham Roller" tragen, führen ihn zu Unrecht. Insbesondere dann, wenn man von der eigentlichen Zuchtidee ihrer Schöpfer aus England abweicht und aus ihnen infolge von Fehlselektionen Hoch- und Dauerflieger macht, die nur mehr tümmeln (wie die alten Tümmler früher), aber keineswegs tief abrollende Federbälle sind.

In Nordamerika, wo sie nach den Brieftauben die verbreitetsten Flugtauben sind, versteht man unter „Birminghams" vielfach Flugtauben, die nichts mit den echten Rollern aus Birmingham zu tun haben und heute darum vielfach auch als **American Rollers** deklariert werden. William Pensom, der „große Mann" dieser Rasse, hat da jenseits des Ozeans viel Pionierarbeit geleistet.

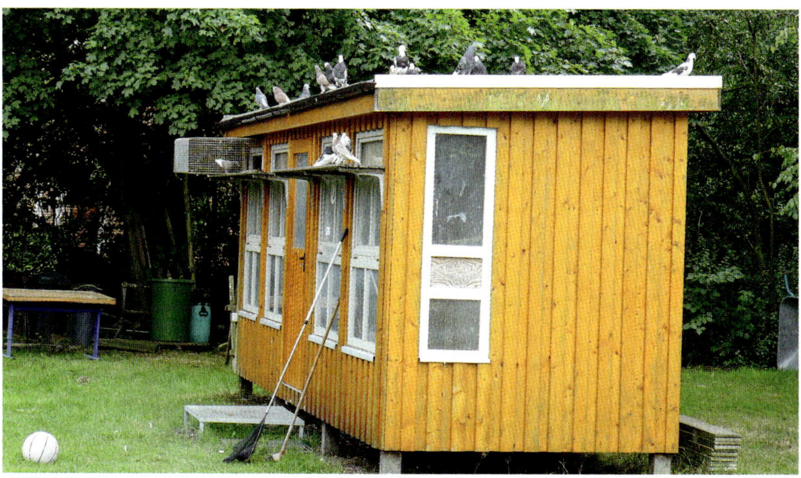

Eine Zuchtanlage für Birmingham Roller (H. Böttcher, Lunestedt)

Der „Deutsche Flugroller-Club“ betreut bei uns auch sie und hat Wettflüge mit erstaunlich guten Resultaten zu verzeichnen. Man hält sich glücklicherweise an die Vorstellungen, die englische Züchter von der Rasse haben, und geht nicht den Weg amerikanischer Freunde.
Diese Flugrollerrasse erfährt ebenfalls Betreuung in den Hochflugtaubenvereinen, die gesonderte Sektionen für diese eingerichtet haben. Sie lassen dann teilweise allerdings in die Wertung bei Wettstreiten auch die Hochflugleistungen einfließen. Roller sollten aber an sich wegen ihres Hauptattributs geflogen werden – das ist eben ihr enormes Rollvermögen, das sonst bei anderen Hochflugrassen nicht in dieser Ausprägung vorhanden ist.

Was in den letzten Jahren bei dieser Rasse enorm nach vorn gekommen ist, ist ihre internationale Verbreitung, ganz besonders in den westlichen Ländern. Unter der Regie amerikanischer und kanadischer Birmingham-Roller-Verbände gibt es weltweit einen „World-Cup“-Vergleichsflug, an dem sich eine ganze Anzahl von Ländern beteiligt, so auch in Europa. Mit großem Aufwand tingelt dann ein einziger Wertungsrichter rund um den Globus, um die Flüge abzunehmen. Das ist wirklich einzigartig. Ich habe die Flugabnahmen miterlebt und war von dieser Idee beeindruckt – und noch mehr, dass es gar einem Niederländer namens Beijker gelungen ist, Gesamtsieger zu werden. Er hatte dadurch aber die Verpflichtung übernommen, im nächsten Jahr als alleiniger „Referee“ weltweit zu amtieren.
In Deutschland gründete sich mit dem German Birmingham Roller Club (GBRC) im Jahre 2005 ein Spezialverein mit dem Ziel, aktiv in diesen „Welt-Zirkus“ mit Rollertauben einzusteigen. Vorher und parallel dazu brät man sich – international gesehen – mit einer anderen Flugordnung eine Extra-Wurst, die jedoch – salopp formuliert – auch ganz gut mundet, gemessen an den erreichten Erfolgen.
So wird in den deutschen Flugvereinen ein Stich aus lediglich drei Tieren gewertet. Punkte gibt es für jeden exakten Rollvorgang eines Tieres. Die internationale Wertung entspricht der Grundidee des Fliegens im Mutterland. Ein Stich von zwanzig Tieren fliegt in einer Wertungszeit von 20 Minuten. Dabei wird bewertet, wie gut die Tiere im Stich zusammenhalten und vor allem „zusammenarbeiten“. Ziel ist es, dass möglichst oft möglichst viele Tiere synchron rasant und sauber abrollen. Ebenfalls wird die Rolltiefe und Qualität bewertet. Bei dieser Aufgabe erhält der Wertungsrichter einen Schreiber zur Hand, der alle Angaben zu notieren hat.

Galatzer Roller

Aus Rumänien kommend hat sich diese Rollerrasse bei uns durchsetzen können. Ein bisschen erinnert sie an den bereits beschriebenen Birmingham Roller, auch

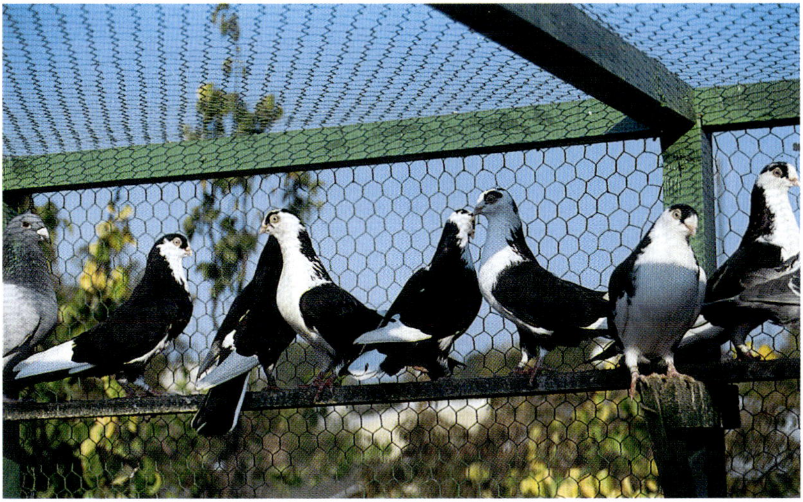

Galatzer Roller

was die Rollleistungen anbelangt. Schnabel und Stirn sind kräftig entwickelt, wobei sich dies nicht generell von allen Zuchten behaupten lässt. Es existieren in der Heimat zahlreiche Stämme, die sich optisch teilweise stark unterscheiden, aber gleichberechtigt anerkannt sind.
Ebenso wie das Aussehen differiert auch der Flugstil. Galatzer werden in Rumänien auch als reine Hochflieger gezüchtet, hierzulande hat sich aber nur der Rollertyp, der neben dem Abrollen auch das Mühledrehen und Schrauben zeigen kann, bei uns gut eingebürgert. Der Galatzer Roller ist in unseren Breiten erfolgreich zu fliegen. Oft zeigt er seine besten Leistungen auch bei Wetterlagen, die dies nicht vermuten lassen. Dies sind die „großen Drei" des Rollersports in Deutschland.

Auch bei den Rollern gibt es noch eine Vielzahl weiterer Rassen. Manche sind auch sogenannte „Rolltümmler", wie zum Beispiel Bursaroller, Sisacker oder Rakonitzer, die vom einzelnen Purzeln bis zum Abrollen Verschiedenes zeigen sollen und können. Man hat sich bei ihnen an der Zuchtidee der Heimatländer zu orientieren.

Asiatische Klatschtümmler

Diese Flugakrobaten, die im asiatischen Raum sehr verbreitet sind, haben auch bei uns Fuß fassen können, eingeführt durch türkische Gastarbeiter und Aussiedler aus der ehemaligen UDSSR. Charakteristisch ist das Fliegen unter vernehmlichem

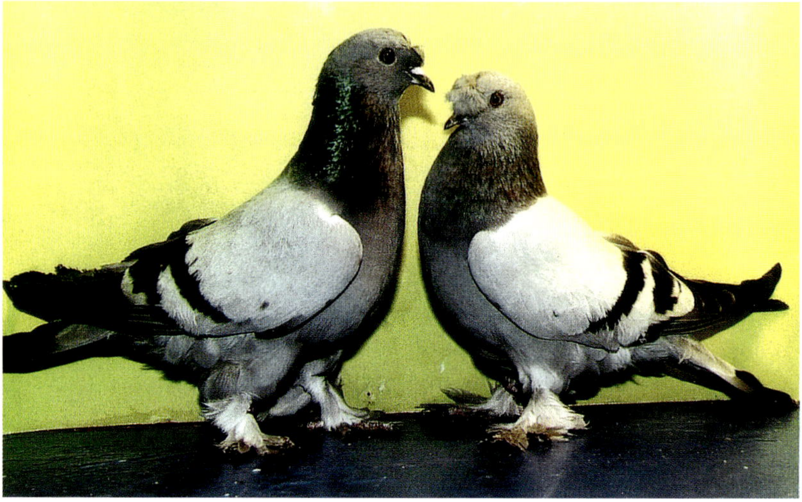

1,1 Türkische Takla-Klatschtümmler bei K. Jungnickel

Flügelklatschen, wobei sich die Tiere – meist geflogen in kleineren Trupps – häufig überschlagen, und zwar in einer derartigen Geschwindigkeit, dass sie dabei keine Höhe verlieren oder gar noch Höhe gewinnen.

Typisch ist ebenfalls das rüttelnde Stehenbleiben auf einer Stelle, um sich dann fortwährend klatschend zu überschlagen. Dabei ziehen die Tiere in die Höhe. Die Züchter bezeichnen dieses Flugspiel als Kerzeziehen bzw. als Leiterklettern. In der Türkei ist das Fliegen eines Solokünstlers sehr beliebt. Dabei wird ein Tier aufgelassen, nach einer Einflugzeit werden die Schlaggenossen als Locktauben vor den Schlag auf die Erde gelassen. Nun beginnt das Flugspiel: Das Tier kommt im zügigen Sturzflug zum Schlag herab, landet aber nicht, sondern beginnt unter Klatschen eine möglichst hohe und senkrechte Kerze zu ziehen, wobei sich das Tier überschlägt. Nach Ende der Kerze fliegt das Tier einige Runden und das Spiel beginnt vom Neuen.

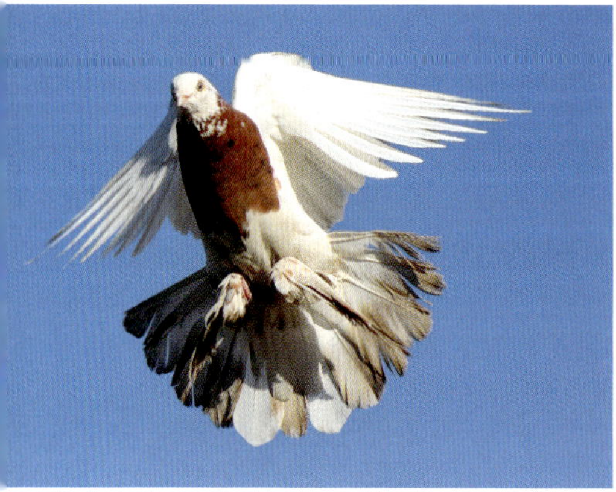

Usbekischer Tümmler

Allgemein werden diese Tauben in der Türkei als **Takla** bezeichnet. Man unterscheidet viele verschiedene Typen, oft benannt nach Farbenschlag oder Herkunftsstadt. Darunter gibt es nicht nur diese Soloflieger, sondern manche fliegt man ebenso wie die Vielzahl von Klatschtümmlerrassen aus den ehemaligen GUS-Staaten. Bekannt sind Rassen wie **Usbekische Tümmler, Agarantauben, Duschanbiner, Taschkenter, Andischan** und **Bakiner**, welche in mehr oder weniger großen Trupps geflogen werden und ihr Flugspiel – je nach Ausprägung – über mehrere Stunden zeigen können.

Purzler

Beständig sind bei den offiziellen Wettbewerben immer auch die Purzeltauben vertreten. Es konkurrieren da vor allem die **Broder Purzler** aus Kroatien und die **Französischen Purzler** (Culbutant Francais). Diese erreichen für Purzler auch die längsten Flugzeiten, daneben konkurrieren **Lausitzer Elsterpurzler** und **Siebenbürger Purzler** um die Plätze. Deren Flugzeiten sind nur gering geblieben, können sich aber im Laufe der Zeit möglicherweise steigern.

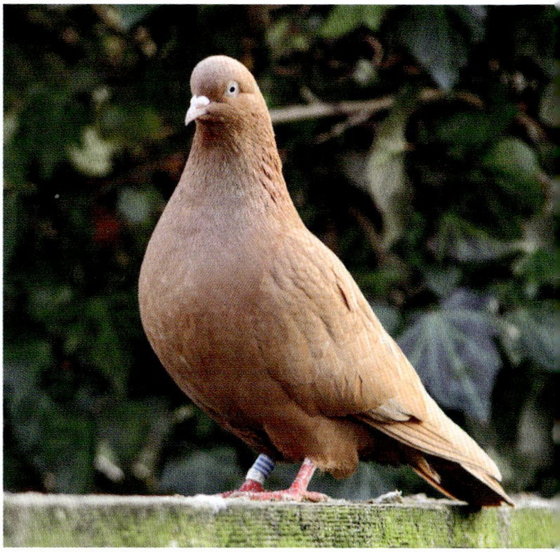

Ein Broder Purzler – die kroatische Nationalrasse

Bewertet werden beim Purzler saubere Einzel- bzw. Doppelüberschläge. Zeigen die Tiere in einem Vorgang mehr Überschläge, gibt es keine Punkte, hier muss man scharf abgrenzen. Purzler sind aber keinesfalls schlechte Roller. Sie sind für Züchter geeignet, die keinen regelmäßigen Hochflug wünschen, sondern sich an der raschen Folge der Überschläge in relativ kurzer Flugzeit erfreuen möchten.

Indische Bodenpurzler

Wie bereits erwähnt, bilden die Tümmler den eigentlichen Grundstock, aus dem durch Selektivzucht einmal die Hochflieger, die nicht mehr tümmeln, aber auf unsichtbare Höhe steigen, und die Dauerflieger, zum anderen die Roller, die man als extrem tümmelnde Tauben bezeichnen könnte, hervorgegangen sind.

Unter den Rollern kreuzen hin und wieder besonders wild und sehr tief zum Boden hinab rollende Exemplare auf, die von den Züchtern als „Totroller“ angesprochen werden. Ihr Ende wird meistens dadurch besiegelt, dass sie sich irgendwann einmal nicht mehr rechtzeitig fangen und beim Aufschlagen auf dem Boden das Genick brechen können.

Aus ihnen sind vor vielen Generationen – erste schriftliche Aufzeichnungen liegen uns aus dem Jahre 1590 aus Indien vor – im persisch-indischen Kulturraum Tauben herausgezüchtet worden, die ihre waghalsigen Purzelbäume anfangs im Schlag oder nur wenige Meter über dem Boden, später ausschließlich unmittelbar am Grund schlugen. Fliegen können sie nicht mehr. Aber was sie an eleganten Rückwärtssaltos ganz in der Nähe ihres Züchters zeigen, ist frappierend.

Es gibt unter ihnen drei Varianten: Einzelpurzler (die in einer Aktion einen Salto schlagen), Doppelpurzler (die zwei solcher Saltos ohne zwischenzeitliche Bodenberührung vollführen) und Dauerpurzler (die wie ein Ball in wirbelnden Purzelbäumen am Boden dahinrollen und ihr Spiel erst nach fünf, zehn und mehr Metern beenden).

Seit ihrem Import 1967/68 durch den Verfasser werden sie bei uns vom „Deutschen Bodenpurzler-Club“ betreut, der alljährlich Wettbewerbe im Bodenpurzeln veranstaltet. Man hält sich dabei an die indischen Zuchtvorstellungen und lehnt eine Musterbeschreibung und Ausstellungsbeschickung im üblichen Rahmen strikt ab. Die alljährlich aufgezogenen Turniere haben lebhaften Zuspruch gefunden. Man musste, um auch fachgerecht werten zu können, die Zahl der teilnehmenden Tiere begrenzen. Dennoch purzeln dann immer noch ungefähr 150 Stück von ihnen um die Wette.

Im DBC gibt es stets vor den deutschen Meisterschaften noch ein Vorturnier. Dann können sich die Tauben an die besondere Atmosphäre einer solchen Veranstaltung gewöhnen. Bodenpurzler sind ansonsten ruhige, robuste Tauben, die sehr zuverlässige Elterntiere abgeben und keinerlei Schwierigkeiten bei der Jungtieraufzucht bereiten. Nur infolge dieses Naturells haben sie sich bis auf den heutigen Tag international halten können als Kulturerbe ersten Ranges. Was soll man da von neuerdings akut gewordenen Einwänden gegen diese Uralt-Rasse halten? Machen sich ihre langjährigen Züchter in Deutschland auffällig, wenn sie ihre Vögel um die Wette purzeln lassen?

Bodenpurzler sind eine Attraktion fürs Publikum. Sie treten mittlerweile im Zirkus auf. Wir gaben zum Beispiel Exemplare an den Zirkus Billy Smart, London, ab. Oder sie bereichern zoologische Gärten. In Indien dienen sie vielfach Gauklern als Broterwerb durch Vorführungen auf Jahrmärkten.

Diverse Flugtaubenrassen

Neben den vorgenannten Rassen gibt es bei uns in Deutschland noch verschiedene andere. Man muss sie heute jedoch entweder als reine Ausstellungstauben ansprechen oder eine so geringe Verbreitung konstatieren, dass hier in diesem Buch nicht viele Worte darüber gemacht werden können.
Teilweise handelt es sich dabei um alte, bodenständige Rassen, die früher ausgezeichnete Flieger waren, sodass es einem leidtun kann, dass man sie vergessen oder aus dem Flugtaubensport genommen hat, um anderen flugtauglichen Rassen Platz zu machen.

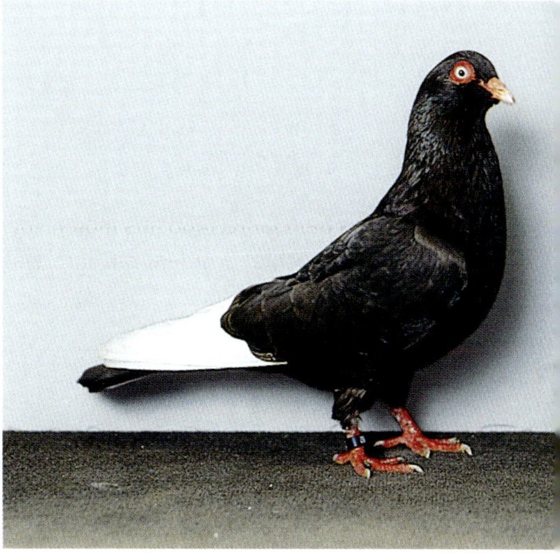

1,0 Hannoversche Tümmler (Karl Städtle, Springe)

Vielleicht ist auch diesen Rassen ein bescheidenes „Comeback“ beschieden. Hoffen wir es. So etwa den **Hannoverschen** und **Bremer Tümmlern**, die uns als gut fliegende Trupp- und noch mehr als perfekte Soloflieger bekannt sind. Wo sind die Zeiten, in denen über Bremen, Hannover, Celle, Hildesheim usw. diese Flugtauben kreisten? So wie etwa die **Kasseler Tümmler**, die selbst auf Hochflugwettstreiten zu Anfang des Jahrhunderts prächtige Leistungen zeigten. Heute sieht man sie in Ausstellungskäfigen. Aber sie sehen den früheren Kasseler Flugtümmlern kaum mehr ähnlich. Ebenso steht es mit den farbenreichen **Kölner Tümmlern**, die in Köln, Bonn, Godesberg und Koblenz in großen Trupps ihre Künste vorführten. Dahin ist ihr Flugvermögen.

Weiterhin erwähnt werden sollen die verschiedenen Lokalrassen Berlins, den **Berliner Langen** und **Berliner Kurzen**, den **Schöneberger Streifigen** usw., die als Jagetauben eine äußerst starke Verbreitung aufwiesen, und die Hamburger Lokalrassen, zu denen **Elstern, Farbenschwänze, Kalotten** und **Schimmeln** gehörten, die, wie in Berlin, als ausgesprochene Jagetauben in großen Fluchten tagtäglich Hunderte von Züchtern erfreuten.
In jüngster Zeit unternimmt man in der Heimat der Rassen Versuche, wieder Leben in den Jagetaubensport der alten Hansestadt zu bringen. Man sieht Lücken, die mit Fliegekalotten etwa bestens auszufüllen wären, wo andere heutige „Mode“-Flugtauben nicht gut zurechtkommen können, etwa in puncto Greifvogel-Attacken. Man trat den Schritt nach vorn an, schaffte gar eine Flugordnung, um System in

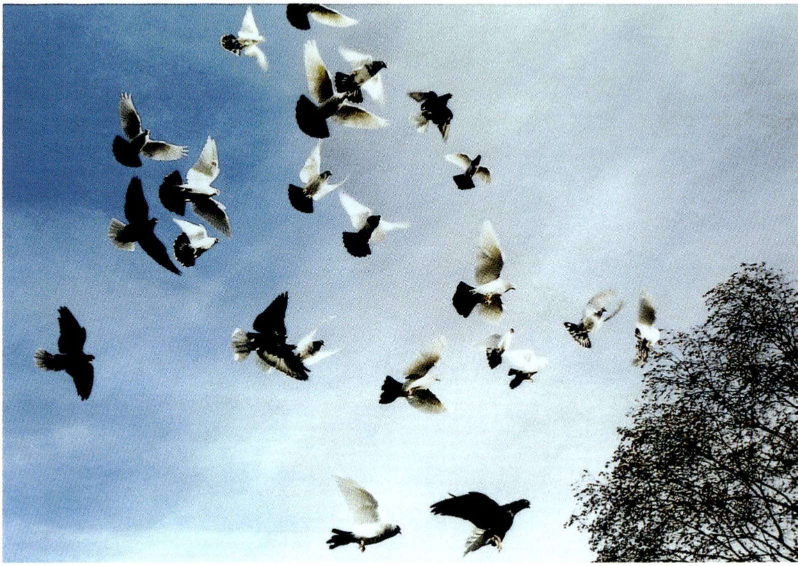

Die Hamburger Fliege-Kalotten geben ein herrliches Flugbild ab.

die Angelegenheit zu bringen. Mit „Hände in den Schoß legen“ kann es ja nicht getan bleiben. Es sind urige, vitale Flugtauben, mit denen man fliegerisch etwas anfangen kann.

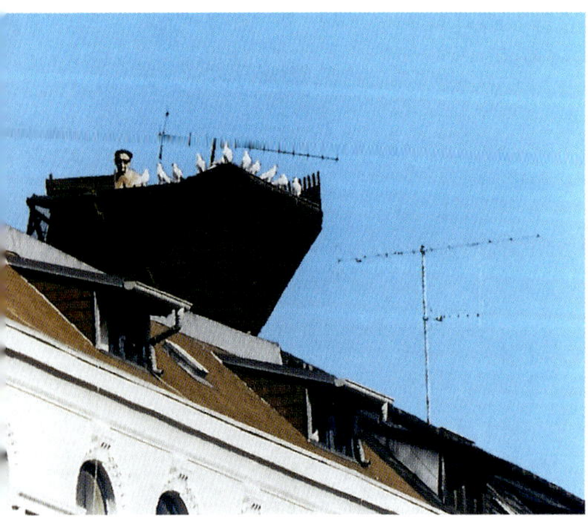

Die letzte Hamburger Jageklappe in Altona; geflogen werden Kalotten.

Hierzu zählen die verschiedenen langschnäbligen Tümmlern, die **Elster-, Bärtchen-** und **Weißschlagtümmler**, die zu Tausenden in mitteldeutschen Städten wie Magdeburg, Halberstadt, Braunschweig, Wolfenbüttel usw. in riesigen Schwärmen am Himmel zogen.

Dabei bediente man sich vielfach sogenannter Kapaunen, also kastrierter Täuber, die nur zu Flugzwecken gehalten wurden. Im „Dritten Reich“ wurde die Ausübung des Sports in dieser Form dann offiziell verboten, sodass auch diese Rassen heute fast nur noch in Ausstellungskäfigen zu finden sind.

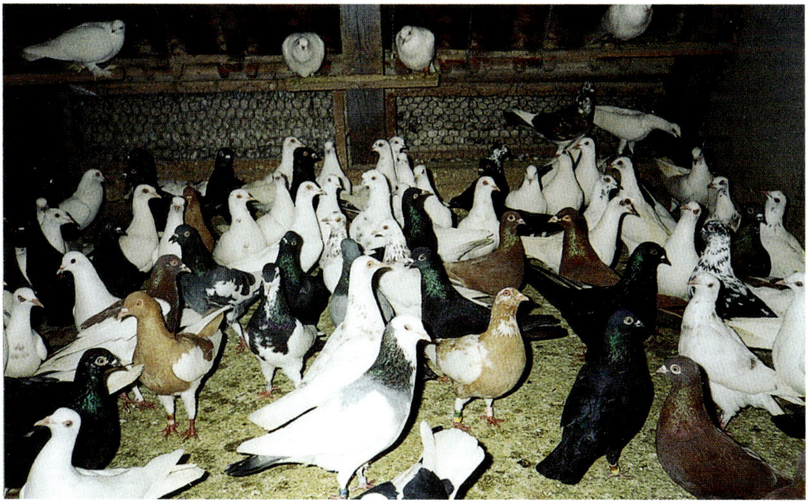

Ein Flugschwarm Mitteldeutscher Tümmler und dazwischen einige Flug-Stralsunder (R. Beneke, Oldenburg)

Auch bei diesen früher einmal gut verbreiteten Rassen gibt es einen Hoffnungsschimmer! Denn es haben die alten, nicht ausstellungsfähigen Flieger bei ihnen überlebt. Deren Nachzuchten fliegen nach traditioneller Art im norddeutschen Raum bei einigen Flugtaubenenthusiasten, die man leider als die „Letzten der Mohikaner“ bezeichnen kann. Bescheidene Neu- und Wiederanfänge sind auch hier durchaus möglich, wenn sich nur traditionsbewusste Liebhaber finden. Wenn man ins Kalkül zieht, dass zum Beispiel in Indien Jagetaubensport in breiter Front auch heute noch betrieben wird, könnten gar Importe von dort ein erneutes Aufblühen auch hierzulande bewirken, so utopisch das im Augenblick auch klingen mag.
Und was ist mit den vielen ostdeutschen Rassen, denen durch die Heimatvertreibung ihrer Züchter ein unglückliches Schicksal beschieden wurde? Wo fliegen heute noch **Breslauer Tümmler**, wo **Stettiner Tümmler**? Wer hält noch die **Pommerschen Schaukappen** und **Blaubunten**, die **Ostpreußischen Werfer**, die **Stargarder Zitterhals-Tümmler** zum Fliegen an? Sie sind selbst als Ausstellungstauben derart selten geworden, dass man überhaupt Sorge um ihr Fortbestehen haben muss. Seien wir deshalb froh, diese Rassen wenigstens hin und wieder auf unseren Schauen zu Gesicht zu bekommen.

Erstaunlicherweise kommt es immer wieder einmal vor, dass eine für den Flugsport bereits abgeschriebene Rasse aufgrund intensiver züchterischer Bemühungen und unermüdlicher Schulung ihr altes Flugvermögen zurückgewinnt.

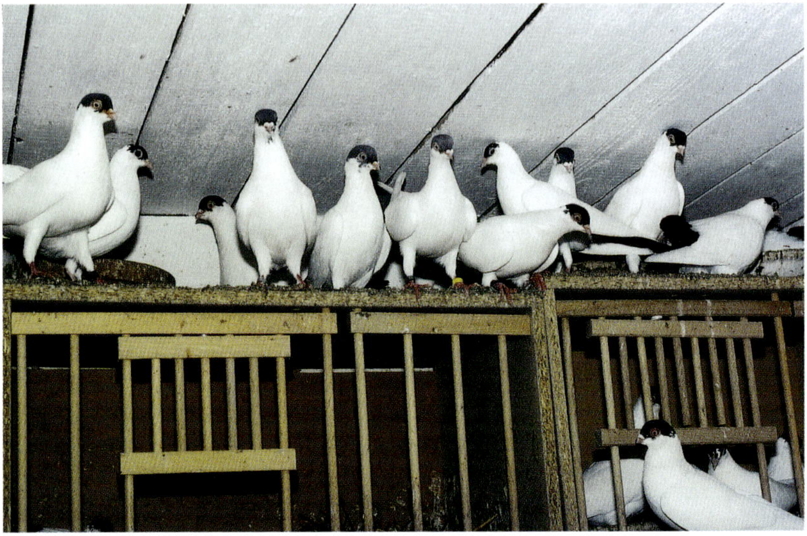

Ein Stich Hamburger Fliege-Kalotten (B. Niehr, Großdemsin)

So hat zum Beispiel der Sonderverein der Züchter Hannoverscher Tümmler, der in den Gründerjahren Flugwettstreite aufzog, sich der Rassetradition verpflichtet gefühlt und einige Mitglieder dazu gebracht, mit ihren Tauben wieder Flugsport zu betreiben. Es bemüht sich der Sonderverein der Stralsunder Hochflieger-Züchter um Hochflugveranstaltungen. Die Memeler Hochflieger, ehemals großartige Hochdauerflugtauben, werden durch den Club in Deutschland auch fliegerisch gefördert. Eine Wettflugordnung ist vorhanden. Die Züchter von Danziger Hochfliegern brachten 1970 zum 60-jährigen Vereinsjubiläum gar 25 am Hochflugwettstreit beteiligte Taubenstiche zusammen, die durchschnittlich bestens flogen.

Nicht so gut ist es mit anderen Rassen bestellt. Ost- und südeuropäische Flugtaubenrassen, die in den letzten Jahren in großer Zahl zu uns ins Land gekommen sind, machen mehr und mehr von sich reden. Wer kannte schon den senkrechten Schwebeflug der Nikolajewer Hochflieger? Tümmler aus Ungarn und dem ehemaligen Jugoslawien, verschiedene bisher uns unbekannt gebliebene Rollerrassen aus Rumänien, Flugrassen aus Spanien und Portugal, Seglertauben aus Syrien, eigenartig anmutende chinesische Flugtauben, viele neuartige persische und indische Luftkünstler, skandinavische Spezialrassen von Flugtauben, dazu bodenständige Tümmler aus den Niederlanden, Belgien und Frankreich, nicht zu vergessen auch die brillant fliegenden englischen Rassen, amerikanische Spezialflugtauben – von allen hört man hin und wieder. Sie sind vereinzelt auf Flugschläge hiesiger Interessenten gekommen.

Es ist heutzutage eben leicht geworden, aus allen Teilen der Welt das an fliegerisch begabten Flugtauben herzuholen, was man bislang immer nur vom Hörensagen kannte.
Man kann wohl mit Fug und Recht behaupten, dass wir noch zu keiner Zeit bei uns eine derartige Rassevielfalt zu verzeichnen hatten wie augenblicklich.
Gott sei Dank hat es immer Taubenfreunde gegeben, die sich von den alten Zuchtzielen nicht abbringen ließen und sich nicht darum geschert haben, was europäische Züchter in ihrem Hang nach ständiger Perfektion an jahrhunderte-, ja jahrtausendealten rassisch gefestigten physiologischen Besonderheiten im Flugstil in nur wenigen Taubengenerationen zerstört haben.
Das große Heer der sogenannten „Ausstellungstümmler" – so schön diese Vögel auch anzusehen sind – sollte uns jetzigen Flugtaubenliebhabern eine Warnung sein, dass man bei den noch gut fliegenden Rassen sehr schnell ebenfalls diese für den Flugsport natürlich unliebsame Entwicklung heraufbeschwören könnte, wenn man nicht die Flugleistung zum Maßstab der Zucht macht, sondern – wie es meistens geschieht – zunächst vorgibt, auch eine musterbeschreibungsgerechte Taube könne bestens fliegen, und darauf dann sich in Vorstellungen versteigt, dass zuerst die „Schönheit" einer Taube kommt und dann nachfolgend, wenn überhaupt, ihre Leistung.
Aufschlussreich ist auch, welche Rassen, die an sich hier nicht so bekannt sind, ins Wettfluggeschehen bei unseren Vereinen eingegriffen haben. So tauchen immer wieder Rassen auf, die durchaus sehenswerte Leistungen vollbringen, sich auf Dauer aber nicht durchzusetzen vermögen. Auch gab es rassische Neukreationen, oft das Werk eines einzelnen Züchters, welche recht unterschiedliche Leistungen vorzuweisen hatten. Aber der Himmel ist weit und hat Raum genug auch für sehr individuelle Flugvorstellungen eines Flugtaubenbegeisterten.
Ob Rassen, die hier überhaupt noch nicht akklimatisiert sind, auf Dauer Überlebenschancen auf deutschen Fluganlagen haben werden, muss mit Skepsis betrachtet werden.
Doch der Flugtaubensport wird auf jeden Fall dadurch nicht uninteressanter. Im Gegenteil: Ich möchte meinen, neue Rassen können das Quäntchen Salz in der Suppe sein, die da heißt „Flugtaubenvergnügen".

Ausstellungen

Wir verfügen heutzutage, wie die vorhergegangene Aufstellung gezeigt hat, über eine große Anzahl von Leistungstaubenrassen. Von diesen findet man bedauerlicherweise bereits viele nur noch in den Ausstellungskäfigen.
Da auf den Ausstellungen lediglich eine Bewertung nach rein äußerlichen Merkmalen der Tauben vorgenommen werden kann, muss die Herausstellung von Leistungsmerkmalen und -eigenschaften notgedrungen unterbleiben. Sie aber sind für unsere Flugtauben allein ausschlaggebend.
Demnach muss man es als Leistungstaubenzüchter ablehnen, seine Flugtauben einer Prämierung zu unterziehen, die sich auf völlig belanglose Schönheitsattribute beschränkt.

Das heißt jedoch nicht, dass wir mit unseren Tauben alle Schauen meiden sollen. Selbstverständlich kann man seine Tiere einem größeren Kreis interessierter Züchter auf einer Ausstellung vorstellen. Man tut dann aber gut daran, etwa einen kompletten Flugstich in einer Voliere auszustellen, diesen nicht bewerten zu lassen, dafür jedoch auf einem Schild zu vermerken, welche Leistung diese Tauben auf einem offiziellen Wertungsflug zustande gebracht haben.
Eine andere Möglichkeit ist, dass man seitens der Flugtaubenvereine für die erfolgreichen Wettflugtauben Flugnachweiskarten herausgibt. Dann lassen sich die Flugtauben sogar in Einzelkäfigen unterbringen und man kann auf der Karte am Käfig sehen, welchen Erfolg das betreffende Tier auf einem Wettflug erzielt hat.
Eine Bewertung nach einem Standard muss jedoch für Flugtauben in jedem Fall strikt abgelehnt werden. Denn sonst würde unser Flugtaubensport bald ausgestorben sein, weil sich Schönheits- und Leistungsbegriffe dermaßen unglücklich überschneiden, dass die Ausrichtung nach einem Leistungsideal sehr leicht außer Acht gelassen und später gar nicht mehr berücksichtigt werden könnte.
Meistens zieht es den Leistungstaubensportler mit seinen Tieren ohnehin nicht auf die Ausstellungen. Er lässt seine Flieger ihr Leben lang ausschließlich unter seiner Obhut. Nur dann hat er die Gewähr, dass sie ihm gesund und munter sein Leben durch reizvolle Leistungen verschönern helfen.

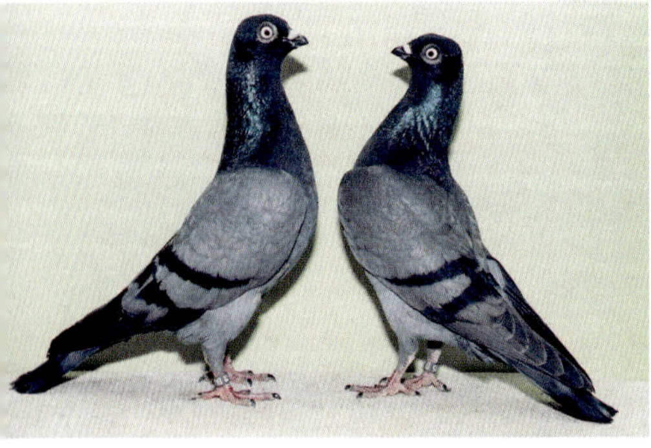

Erlauer Tümmler (E. und I. Jungnickel)

Der Deutsche Hochflug-Club veranstaltet regelmäßig informative Flugtauben-

schauen. Auch auf den VDT-Schauen und den Nationalen Rassegeflügelschauen haben die Züchter ihre Leistungstiere präsentieren können. Dabei wurden auch komplette Siegerstiche aus der abgelaufenen Wettflugsaison in Volieren gezeigt. Solche Veranstaltungen können ihr Gutes haben, solange man sich vor Augen hält, dass es kein Schönheitswettbewerb sein soll und darf. Tradition hat mittlerweile auch eine ähnlich gestaltete Schau, die der „Flugtauben-Verein Niedersachsen" in der Celler Gegend aufzieht. Im Saarland macht man es ganz ähnlich.
So können Anfänger sich einen Überblick über bestimmte Flugtaubenvarianten machen. Man kann Tiere zum Zuchtaufbau erwerben. Und – last, but not least – kommen derartige Veranstaltungen auch dem Bedürfnis unserer Leute entgegen, sich mit Gleichgesinnten freundschaftlich auszutauschen. Die Freizeit verbringen viele gegenwärtig mit wesentlich attraktiveren Steckenpferden als unserem so einfachen, für uns jedoch recht interessanten Flugtaubensport. Da muss man Möglichkeiten der Werbung jeder Art einsetzen, um auf unser Hobby aufmerksam zu machen. Das kann natürlich auch über solche Ausstellungen stattfinden.

Bei der gegenwärtigen Regelung des Tierversandes sind Tauben-Börsen, die solchen oder ähnlichen Veranstaltungen angeschlossen sind, eine vortreffliche Möglichkeit geworden, statt teurer Spezialliefung durch private Spediteure auf diesem Wege Tiere zu erwerben, zu tauschen oder zu verkaufen. Davon wird zunehmend Gebrauch gemacht, nachdem die Deutsche Post und die Deutsche Bahn keine lebenden Tiere mehr befördern.

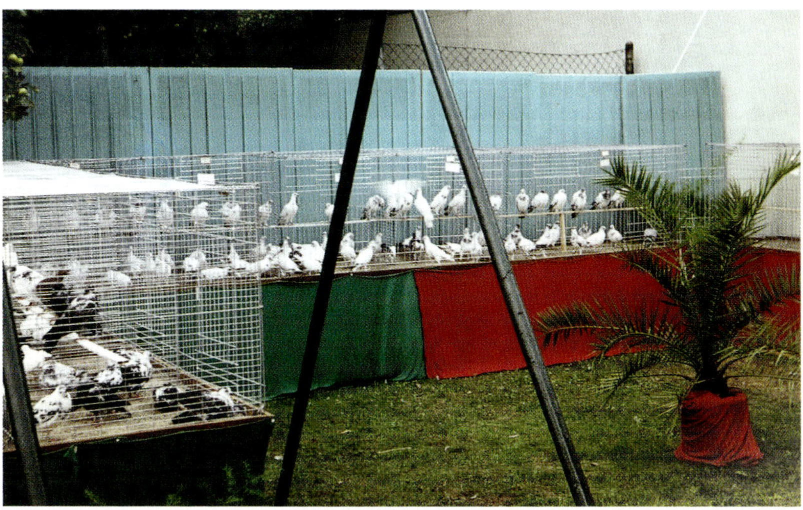

Bei dieser Werbeschau werden komplette Flugstiche gezeigt.

Schlaganlagen

Ein äußerst wichtiges Moment in unserem Flugtaubensport ist die praktische Schlag- und Fluganlage. Man findet sie entweder in Gärten oder auf Hausböden. Ausschlaggebend ist das aber nicht, sondern vielmehr entscheidet die beste Lage des Schlages.

Wir müssen uns vor Augen halten, dass die Fluganlage frei liegen muss. Es dürfen also in unmittelbarer Nähe des Schlages keine hohen Gebäude, Bäume oder dergleichen stehen, die es unmöglich machen würden, dass die Tauben ohne Zwischenlandung sofort auf ihrem Heimatschlag anfallen. Würden die Flugtauben aber nicht unmittelbar die Fluganlage anfliegen, hätten wir kaum eine Kontrolle über sie und würden in Kauf nehmen müssen, dass sie alsbald als Leistungstauben nicht mehr zu gebrauchen sind!

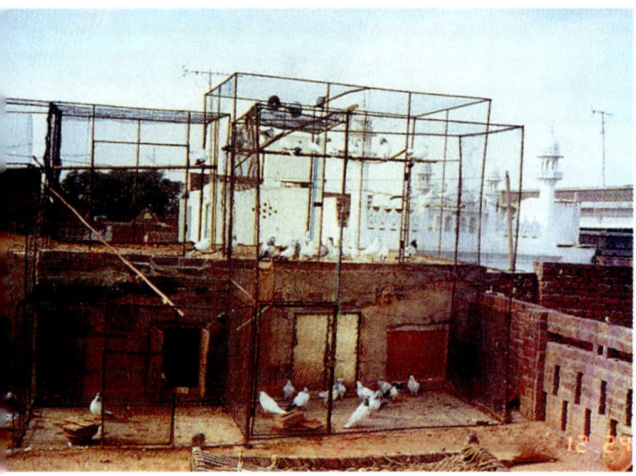

Eine Schlaganlage für Flugtippler in Pakistan

Eine gute Flugtaube darf nämlich nur die Luft als ihr Betätigungsfeld und den Schlag als ihre Ruhestation kennen. Das Herumsitzen auf dem Dach oder gar das Herumlaufen auf dem Erdboden verdirbt in kurzer Zeit die beste Flugtaube für immer. Darum ist es erforderlich, die Fluganlage so zu bauen, dass die Tiere darauf gut an- und abfliegen können. Eine große Hilfe hierbei ist auch der Dropper (= Locktaube), wenn es gilt, die Flugtauben immer unmittelbar auf ihrem Schlag zum Anfliegen zu bringen.

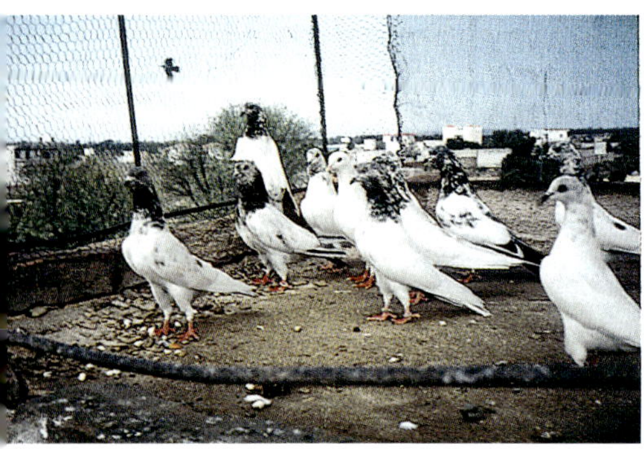

Diese Flugtippler aus Pakistan erreichten bei hochsommerlichen Temperaturen beim Wettfliegen 13 bis 15 Stunden.

Es hat sich bewährt, auf dem Dach- oder Gartenschlag einen praktischen Aufbau aus Draht anzubringen, den wir „Wendekasten", „Gewöhnbauer", „Jagekasten" oder so ähnlich nennen. Er ist nötig zur praktischen Sportausübung. Nach Möglichkeit macht man ihn so geräumig und hoch, dass von da aus die Tiere ihre nähere Umgebung sehen und sich einprägen können.

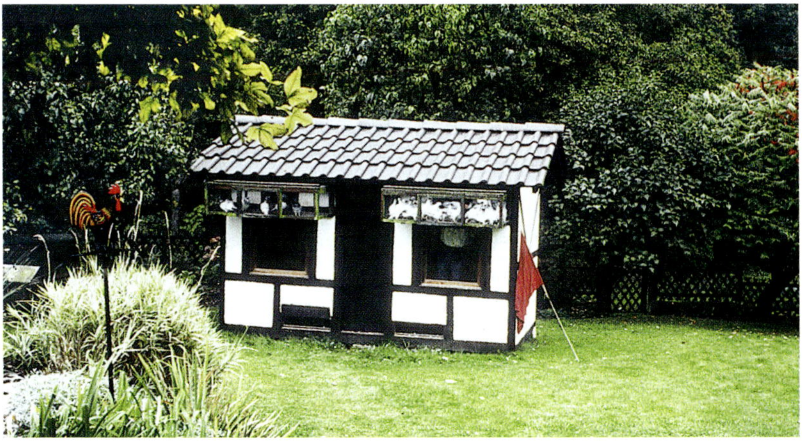

Mini-Flugschlag für Wiener Hochflieger (W. José, Saarbrücken)

Er dient also erstens zum Eingewöhnen der jungen und neu hinzugekauften Tauben. Er soll aber auch so gebaut sein, dass man darin Körner streuen und vielleicht auch eine Taubenbadewanne einstellen kann. Er ist demnach zweitens während etwaiger Flugpausen ein luftiger, gesunder Aufenthaltsraum zum Sonnen und Baden. Es dürfen an diesem Kasten nicht die Fangvorrichtungen fehlen, die entweder aus Einsprunglöchern oder Aluminiumfanggabeln bestehen können. Er ist also auch zugleich drittens eine Fangvorrichtung für die vom Flug angeflogenen Tauben und außerdem umgekehrt eine Sammelstelle für die zum Start vorgesehenen Tiere. Letztlich muss darin oder darauf der Dropper Platz finden können, um nach hingeworfenen Körnern zu jagen, sobald die fliegenden Tauben durch ihn zum Anfallen bewegt werden sollen.
Dieser Anflugkasten ist also ein sehr wichtiges Erfordernis, dem man große Beachtung schenken muss.

Flugtauben brauchen keine geräumigen Innenschläge, ja, sie sollen nicht einmal in allzu großen Abteilen untergebracht werden. Denn für unsere Hochflieger hat der Schlag nur die Aufgabe, dass sie darin gefüttert, getränkt, mit den nötigen Mineralien und Beigaben versehen werden können und sie sich von den Anstrengungen des Fliegens erholen. Man tut deshalb gut daran, alle Abteile räumlich zu begrenzen.
Selbstverständlich sollen gerade unsere Flugtaubenschläge hell, sauber, gut zu belüften und übersichtlich gebaut sein. Denn der Schlag ist die kleine Welt der Flugtauben, aber auch die des verständnisvollen Züchters. Wenn man die Schläge mit einem netten Anstrich und den notwendigen Utensilien versieht, wird man sich

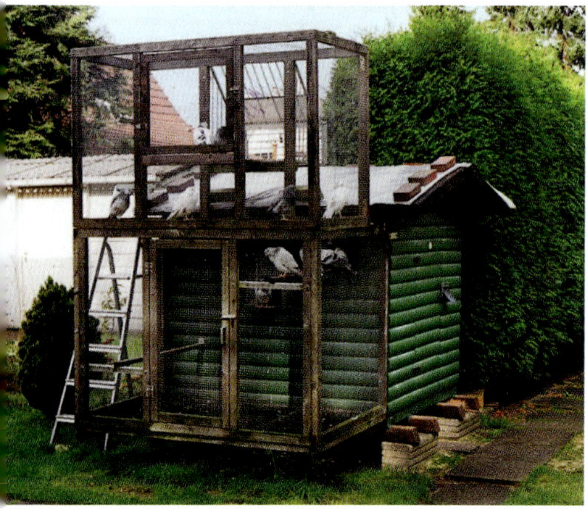

Kleiner Flugschlag für Tippler (H. Eisermann, Hamburg)

gern auf ihnen bewegen und aufhalten, dort mit den Tauben reden, sie in die Hand nehmen und durch Sauberkeit und Wartung ihnen das Leben so angenehm wie möglich machen.

Betreibt man den Flugtaubensport nur so nebenbei, dann genügen zur Ausübung des Sports bereits zwei verschiedene Abteile, nämlich ein Zucht- und ein Jungtaubenschlag. Ist man jedoch zu den eingefleischten Sportlern zu zählen, so sind doch schon mindestens drei kleine Abteile nötig, um einen geregelten Flugbetrieb aufrechtzuerhalten. Zu den vorher genannten Schlägen muss dann noch ein sogenannter Trainingsschlag kommen. Hat man allerdings Platz zur Verfügung, so sollte man sich ruhig noch weitere, wenn auch nur sehr kleine Schläge errichten, um genügend Unterbringungsmöglichkeiten zu haben.

Der **Zuchtschlag** sieht nicht anders aus als der von anderen Tauben auch. Er ist also mit Tränke, Gritkasten, Futterrinne, Sitzplätzen und Nistzellen ausgestattet. Elektrisches Licht sollte darin nicht fehlen. Auch dieser Schlag wird räumlich begrenzt, damit die Zuchttauben in ständigem Kontakt zum Züchter stehen und die Jungen keine Angst vor ihm zeigen. Die Nistzellen braucht man nach vorn hin nicht durch Vorsatzteile abzudecken, man kann sie offen halten. Desto besser gewöhnen sich auch die Jungtauben an den Züchter und verlieren jede Scheu vor ihm. Ich empfehle, Alt- und Jungtauben in den Nistzellen zu füttern und zu tränken.

Der **Jungtierschlag** unterscheidet sich ebenfalls nicht sonderlich von den Jungtaubenabteilen für andere Rassen. In ihm sind neben den Trink- und Futtergefäßen nur Sitzmöglichkeiten angebracht in Form von Sitzregalen, Sitzschränken oder Sitzreitern. Für jedes Tier hat mindestens ein bequemer Sitzplatz vorhanden zu sein! Es darf um die Sitzplätze keine Streitigkeiten unter den Tauben geben.
Dieser Schlag muss mit dem Gewöhnkasten draußen auf dem Dach in Verbindung stehen. Gewöhnlich fertigt man im Schlaginnern aus Holz und Drahtgeflecht auch noch einen kleinen Kasten an, der vor dem Auslauf in den Gewöhnkasten angebracht wird. Man versieht ihn nötigenfalls mit zusätzlichen Fangvorrichtungen. Der Auslauf in den Gewöhnkasten kann durch ein Dachfenster oder dergleichen erfol-

gen. Im Jungtierschlag muss unbedingt elektrisches Licht montiert werden, da die Jungtauben am besten abends gefüttert werden. Eine einwandfreie Installierung ist wohl selbstverständlich.

Zweifellos ist der **Trainingsschlag** mit die wichtigste Hilfe für den Flugtaubensportler. Auch er ist mit Licht zu versehen und hat mit dem Gewöhnkasten in Verbindung zu stehen. In diesem Schlag fehlen selbst die Sitzgelegenheiten. Stattdessen bringt man je nach den Erfordernissen übereinander und nebeneinander angeordnete Einzelboxen an, ähnlich den Nistschränken, wie man sie im Zuchtschlag antrifft. Diese sollen möglichst dem Ausflug gegenüber liegen und so gebaut sein, dass die Tiere darin sich nicht gegenseitig sehen können. Die Maße für solche Boxen kann man ungefähr mit 30 cm Höhe, 35 cm Breite und 40 cm Tiefe angeben.
Bis auf die Vorderfronten sind diese Boxen allseitig verkleidet. Vorn bringt man Vorsatzgitter mit aufschiebbaren Türchen an. Man kann sich diese selbst aus Holz oder Draht anfertigen, aber auch handelsübliche Vorsatzgitter ähnlich den bekannten Ausstellungskäfigen wählen.
Vor den Vorsatzgittern muss jedoch noch so viel Platz auf dem Boden jeder Box sein, dass die Tauben bequem anfliegen und sich dann in die Boxen begeben können und man vor den Gittern Tongefäße für Wasser und Futter aufstellen kann. Wir füttern die Tauben nämlich am zweckmäßigsten vor den Boxen, damit nicht etwa verstreutes Futter durch Kotbeschmutzung zu Infektionskrankheiten führt und die Tiere sich nicht in den Wassernäpfchen baden.
Ein Verdunkelungsrollo, mit dem man von oben nach unten die gesamte Boxenfront verhängen kann, ist ebenfalls vorteilhaft. Denn während der nur kurzen Nächte des Mittsommers steht den Tieren häufig nur sehr wenig Zeit zum Schlafen zur Verfügung. Tauben schlafen und ruhen nämlich nur dann, wenn es dunkel ist. Wir können also durch Verdunkeln der Boxen die Tauben zum Schlafen und Ausruhen bringen.

Die **Einzelboxen** dienen der besonderen Behandlung der Elite unter den Fliegern. Darüber sprechen wir eingehend im Kapitel über die Besonderheiten des Flugtrainings der Alttauben. Auf keinem ernst zu nehmenden Flugtaubenschlag sollten die Einzelboxen fehlen.

Nach Beendigung der Hauptfliegezeit, wenn also zum Beispiel die Flieger abmausern müssen, trennt man den Bestand nach Geschlechtern. Es lassen sich dann beispielsweise die Weibchen im Zuchtschlag unterbringen, während die Täuber im ehemaligen Jungtierschlag Unterkunft finden. Ein Wechsel in der Unterbringung ist vor allem auch dann anzuraten, wenn eine Gruppe in die Außenvoliere gelangen kann, um dort ein belebendes Bad zu nehmen in einer zur Verfügung gestellten Taubenbadewanne. In die Voliere kann man auch Grünzeug einwerfen, um die Tiere

hinreichend mit Vitaminen zu versorgen. Es brauchen ja wahrlich nicht teure Vitaminbeigaben zu sein, die man für Tauben im Fachhandel kaufen kann.
Flugtauben, die viel in ihren Abteilen sitzen, müssen saubere Schläge vorfinden. Ich habe so zum Beispiel Staubsauger zur Hand, die den Feinstaub restlos wegsaugen. Schlagdesinfektionen gehören zu einem hygienisch geführten Stall natürlich unbedingt dazu.

Wer Flugtaubenrassen fliegt, die am liebsten in großen Schwärmen ihre Runden drehen, der muss selbstverständlich auch genug Raum zur Verfügung haben. Er kann so viele Tiere nicht in Einzelboxen halten, sondern nur in geräumigen **Gemeinschaftsschlägen**. Entsprechend groß hat der Abflugkasten zu sein, damit auch alle auf einmal starten können. Wer wenig Platz zur Ausübung unserer Liebhaberei hat, muss sich eben nach der Decke strecken, darf den Bestand nicht zu groß wählen oder muss möglicherweise per se auf eine Rasse wechseln, die bereits in kleinen Formationen zu sehr guten Flugleistungen kommt.
Transportable Kleinflugschläge, kurz „Flugkästen“ genannt, ermöglichen selbst dem, der nahezu gar keinen Platz für Tauben hat, aktives Teilnehmen an unserer Freizeitbeschäftigung.
Mir sind Züchterkollegen bekannt, die ihre Tiere auf minimalem Raum, zum Beispiel in Teilbereichen der Autogarage, untergebracht haben. Beim Fliegenlassen zum Training oder Wettflug hat man dafür eigens eine Landefläche auszufahren.
Ich sah Anlagen in der „Größe“ einer Telefonzelle. Und doch wurde in all diesen Fällen gleichermaßen erfolgreich Leistungstaubensport betrieben.
Not macht erfinderisch, heißt es im Deutschen. Womit heutige Züchter in zunehmendem Maße konfrontiert werden, ist oft „der liebe Nachbar“, der unserem Hobby nichts Gutes abgewinnen kann. In Reihenhaussiedlungen spielen sich wahre Dramen ab, wenn man nicht von vornherein freundschaftliche Regelungen mit den Nachbarn treffen kann. Wir kennen ja auch entsprechende Gerichtsurteile zu diesem ganzen Komplex. Da haben sich leider die Zeiten doch arg geändert, muss man eingestehen.

Fliegen aus transportablen Flugkästen

Unsere Flugtauben brauchen durchweg keine Riesenschläge. Sie sollen sich in der Luft und nicht schon im Schlag körperlich austoben. Ein beredtes Beispiel dafür, aber zugleich auch für ihr vortreffliches Orientierungsvermögen, sind erste Mitteilungen des Engländers Dr. Hepworth, wonach er Flugtippler vom fahrenden Schiff aus während einer Australienreise startete und sie nach ihrem Flug ohne Schwierigkeiten wieder zum Kleinstschlag auf dem Schiff zurückbekommen konnte.

Edmund Zurth berichtete von den Flugtipplern des Schaustellers Albert Speer, Magdeburg, der seine Flieger auf ständig anderen Jahrmarktplätzen vom Wohnwagen aus fliegen ließ. Sie kehrten stets zurück.
In den 1950er-Jahren war es der Deutschamerikaner Hans Röttenbacher, Boulder/Colorado, der einen zusammenlegbaren Kleinstflugschlag für den Kofferraum seines Autos austüftelte, darauf Birmingham Roller eingewöhnte und seitdem in vielen Bundesstaaten der USA vom schnell aufgebauten Flugkasten aus seine Meute zum wirbelnden Spiel in die Wolken schickte, um sie durchweg prompt wieder auf den weißen Kasten zurückzuholen. Seitdem praktizieren dies in den USA etliche Züchter; man hat sogar alljährlich Wettbewerbe im Rollen dieser Tauben aus transportablen Flugkästen aufgezogen.

In der Bundesrepublik war es Heinz W. Kornfeld, Mülheim/Ruhr, der mit seinen gleich gearteten Experimenten von sich reden machte. Orient- und Birmingham Roller, natürlich getrennt, gewöhnte er allmählich an einen auseinandernehmbaren weißen Flugkasten, spielte die Jungtauben auf eine weiße Pfautaube als Dropper ein und begann seine aufsehenerregende Reise durch ganz Deutschland. Erstaunten Zuschauern führte er vom schnell aufgebauten Kleinstschlag aus seinen Rollertrupp vor: Start, Gaukelspiel am Himmel und Rückkehr auf den Kasten nach Setzen des Droppers – eine Sensation für Laien.
Wir Hochflugtaubensportler wissen um die tieferen Gründe des Gelingens. Immerhin stellt diese Art der Fliegerei höchste Ansprüche an die züchterische Qualität

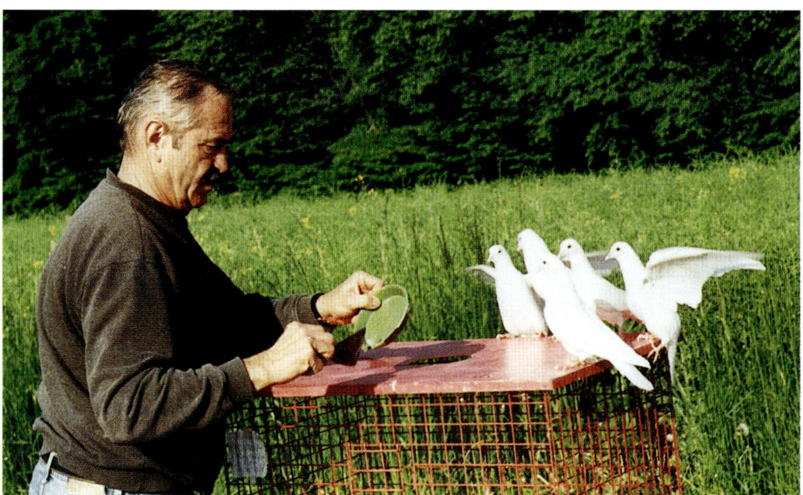

Flugtauben vom Kasten fliegen zu lassen, erfordert einfühlsames Vortraining.

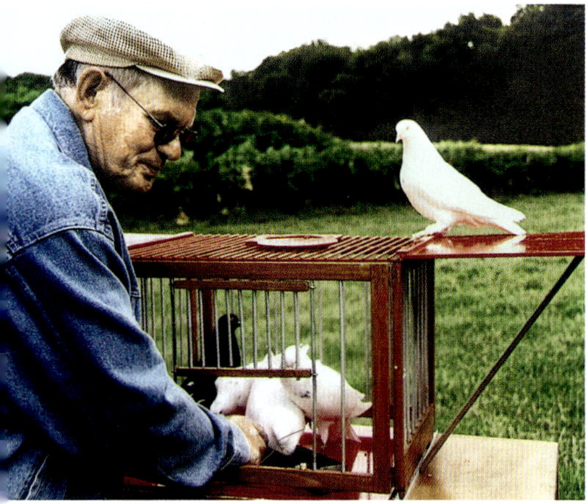

Handzahm werden die Flugtauben auf den Dropper abgerichtet.

der betreffenden Taubenfreunde. Sie eröffnet uns jedoch völlig neue Aspekte sportlicher Betätigung, klagt doch alle Welt darüber, dass in den Großstädten die Taubenhaltung mehr und mehr erschwert oder gar gänzlich unmöglich gemacht wird.

Federführend in puncto Flugkasten-Wertungsfliegen sind unsere Rollerfreunde geworden, die das Kornfeld´sche Erbe angetreten haben. Man zieht nicht allein auf nationaler Ebene inzwischen Meisterschaften auf diesem Sektor auf, sondern darüber hinaus auch im Rahmen der „Europäischen Flugroller-Union" (EFU) auf internationaler Szenerie.

Eine Gruppe Rollertauben wird in ausgeloster Startfolge auf freiem Gelände, das ihnen bisher vollkommen unbekannt ist, gestartet, zeigt ihr Können und wird danach mittels Locktauben (Dropper) wieder gut zur Landung auf dem betreffenden Flugkasten gebracht. Das ist eine respektable Gaudi für die meistens recht zahlreich erschienenen Zuschauer, ob nun Laien oder auch versierte Leistungstaubenleute.

Nicht nur die Veranstaltung von Flugkasten-Treffen im nationalen Bereich hat durch den DFC enorm an Zuspruch gewonnen, sondern auch regional werden solche Ereignisse gebührend durch die Züchter unterstützt. Wegweisend sind internationale Treffen, wie sie abwechselnd in Frankreich, der Schweiz, Österreich, Belgien, den Niederlanden, Kroatien, Serbien und natürlich auch Deutschland zur Austragung kommen. Das hat die Gründung der „Europäischen Flugroller-Union" (EFU) bewirkt, welche die Voraussetzungen dazu durch eine allgemein verbindliche Wertungsordnung geschaffen hat. U. Reber hat da richtungweisende Arbeit geleistet. Man kann mit Fug und Recht behaupten, dass diese Art von sportlicher Fluggestaltungsmöglichkeit ganz neue Aspekte für unser Hobby erschlossen hat. Das hätten sich Röttenbacher und auch Kornfeld damals nicht träumen lassen, was aus ihren Ideen im Laufe der Zeit geworden ist.

Dank der Intelligenz und Orientierungsfähigkeit unserer Flugtauben kann man mit ihnen auch unter wenig idealen Voraussetzungen schöne Leistungsflüge erreichen. Es ist nicht verwunderlich, dass gar das Fernsehen auf solche Wettbewerbsveranstaltungen mit Flugkästen aufmerksam wurde. Verschiedentlich konnten so tierliebende Fernsehzuschauer zu Hause am Bildschirm miterleben, wie ein Pulk Rollertauben sich in tollen Luftkapriolen übte.

Aufbau der Sportzucht

Sobald die Schlag- und Fluganlagen planvoll durchdacht und erstellt worden sind, kann es an die Anschaffung der Tauben gehen. Hierbei ist allergrößte Vorsicht geboten. Man sollte sich nie von noch so verlockend aufgemachten Angeboten übertölpeln lassen, sondern lieber einen zuverlässigen Weg beschreiten, um an gutes Ausgangsmaterial zum Fliegen zu gelangen. Dabei kann man ruhig einmal etwas tiefer als sonst in den Geldbeutel greifen. Denn es ist vorteilhafter, gleich mit allerbesten Fliegern zu beginnen, als später mit mittelmäßigen Tieren ein Malheur nach dem anderen zu erleben.

Einer dieser sicheren Wege ist der, dass man sich bei einem Züchter selbst von den Flugleistungen dessen Tiere überzeugt, indem man sich die Tauben nach Voranmeldung vorfliegen lässt.

Als zweiter Weg wäre vorzuschlagen, dass man die Wettfluglisten, wie sie in unseren Fachzeitschriften veröffentlicht werden, durchsieht und dann bei einem Sportler Tiere erwirbt, der mit besten Erfolgen bei den offiziellen Wettflugveranstaltungen aufwarten kann und dies möglichst über einen längeren Zeitraum hin.

Manche Vereine geben auch besondere Flugnachweiskarten für die Tiere heraus, die auf einem Wettflug eine bestimmte Leistung erbracht haben. Das sind Beweise für die Güte der Tauben.

Für welche Rasse von Flugtauben man sich entscheidet, ist Geschmacksache. Wer mit geringen Flugleistungen zufrieden ist, kann sich solche Rassen zulegen, die vielleicht um die zwei Stunden fliegen. Wer sich damit nicht begnügt, sollte zu den Hochdauerfliegern greifen, die sich auch ohne große besondere Vorbereitung oft zu fast unglaublichen Leistungsflügen steigern können. Entscheidend ist, dass man sich nur eine Rasse auf den Schlag holt. Denn unsere verschiedenen Leistungstaubenrassen sind unterschiedlich in körperlicher, seelischer und fliegerischer Art und lassen sich deshalb kaum zusammen fliegen und halten. Sonst wird man nie mit irgendwelchen erwähnenswerten Erfolgen rechnen können.

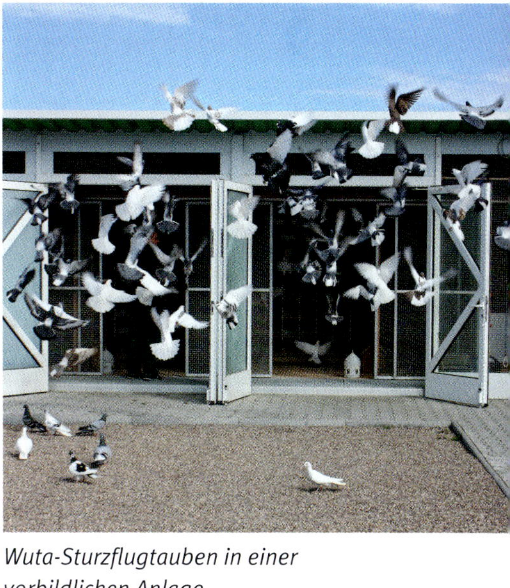

Wuta-Sturzflugtauben in einer vorbildlichen Anlage

Man kann mit Jung- oder mit Alttauben beginnen. Wenn man mit Hochflugtauben bereits einige Erfahrung gesammelt hat, können bedenkenlos Jungtauben gekauft werden. Aber es müssen dann doch schon mehrere Tiere sein. Mit weniger als sechs Tieren zu beginnen, ist ein nutzloses Unterfangen. Oft müssen es bei manchen Rassen schon zehn und mehr Jungtauben sein. Es kann ja vorkommen, dass beim Eingewöhnen Tiere verlustig gehen oder sich einige als Versager entpuppen. Das ist auch bei bestens durchgezüchteten Leistungsstämmen immer einmal möglich.
Empfehlenswerter scheint mir der Start in den Sport mit dem Zukauf von Alttauben zu sein. Im Herbst und Winter müssen die meisten Flugtaubensportler Platz schaffen und werden zu dieser Zeit gern Tauben abgeben. Man kann dann voll durchgemauserte Tauben mit Geschlechtsgarantie bekommen, also gleich Zuchtpaare erwerben.
Hat man sich für eine bestimmte Rasse entschieden, so sollte man nach Möglichkeit nicht bei verschiedenen Züchtern Tiere kaufen, sondern am besten bei einem. Man hat dann in etwa die Gewähr, gleich einen ausgeglichen Stamm zu besitzen, der auch hinsichtlich des Flugstils ausgewogen ist.
Es genügen bereits zwei gute Zuchtpaare. Vier würden allerdings noch angeratener erscheinen. Es könnte ja zu Ausfällen kommen, die alle gut gefassten Pläne zunichte machen würden. Viele Züchter wehren sich dagegen, mehrjährige Alttauben zu kaufen. Doch sollte man dies ruhig tun. Solche Tiere an zuchtunerfahrene Jährlinge zu setzen, ist gut und vorteilhaft. Es ist ein Risiko, mit jährigen Tieren allein in die Zucht einzusteigen. Jeder einsichtige Züchter wird zugeben müssen, dass bereits beim Stammaufbau die Grundlagen für die späteren Erfolge gelegt werden. Darum kann man hier nicht vorsichtig genug vorgehen.

Wenn man sich für eine bestimmte Rasse sein Leben lang entschieden hat, kann es nach der Maßgabe: „Jede Mutter lobt ihre Butter!“ leicht dazu kommen, dass dem Neuling eben diese Rasse auch als haltenswert empfohlen wird. Das ist eine nur zu verständliche menschliche Eigenart.
Ich habe mir aber angewöhnt, nicht unbedingt meine Lieblingsrasse, den Flugtippler, Interessenten als Startrasse ans Herz zu legen. Ich rate eher dazu, doch zunächst einmal mit „pflegeleichten“ Tauben die ersten Schritte in den schönen Flugtaubensport zu unternehmen. Ich rate gern beispielsweise zu urigen Birmingham Rollern, die absolut einfach anzugehen sind und wobei man erste Versuche machen kann, die einem dann später bei anderen Rassen zugute kommen können. Damit schafft man sich beste Grundlagen für Flugtauben, die komplizierter als die vorgenannten Tauben sind. Das alles ist jedoch eine Frage des persönlichen Geschmacks und seiner Vorstellungen von der Beschäftigung mit fliegerisch so unterschiedlich auftretenden Rassen, wie es nun mal bei uns in diesem Jahrhundert so ist und nicht anders.

Zucht von Leistungstauben

Haben wir den Stammaufbau mit Jungtieren gewählt, so werden diese nach dem Abschluss der Wettflugsaison etwa ab Ende Oktober festgehalten. Sind aber Alttauben gekauft worden, so trennen wir diese sofort nach Geschlechtern. Man sollte sich eines merken: Alttauben sind in einer Leistungstaubenzucht festzuhalten. Denn sie bilden den Grundstock für die Sportzucht und haben fortan nur die eine Aufgabe, nämlich für den fliegerischen Nachwuchs zu sorgen, nicht jedoch selbst noch aktiv am Fliegen teilzunehmen. Dafür sind die besonders gehaltenen Alttiere ausersehen, die wiederum nicht in die Zucht eingesetzt, sondern ausschließlich zu Wettflugzwecken am Beginn der alljährlichen Wettflugsaison gehalten werden. Diese gut gemeinten Ratschläge, die ja praxisorientiert sind, werden nicht selten als überkandidelt in den Wind geschlagen. Wer nicht danach vorgeht, wird erleben, dass er durch irgendeinen nicht vorhersehbaren Zufall vor einem leeren Schlagabteil steht, weil es etwa durch Abdrehen (Wegfliegen auf Nimmerwiedersehen) zu Verlusten gekommen ist. Dann ist guter Rat teuer. So kann man sich auf einen Schlag seine gesamte Flugtaubensportzucht ruinieren und muss womöglich ganz von vorn beginnen.

Im Winter, wenn die Mauser also bereits abgeschlossen ist, werden die nach Geschlechtern getrennt sitzenden Zuchttauben sehr mäßig gefüttert, damit sie ohne großen Fettansatz in die Zuchtzeit gehen können. Andernfalls wären schiere Gelege an der Tagesordnung. Eine einmalige tägliche Fütterung mit einem Gemisch aus 3/4 bester, dicker Braugerste und 1/4 australischer Erbsen genügt. Bei besonderen Kälteperioden kann man etwas Perlmais oder auch Kleinsaat dazufüttern.

Ehe man die Tiere zur Brut zusammengibt, sollten möglichst Untersuchungen durch einen taubenkundigen Tierarzt

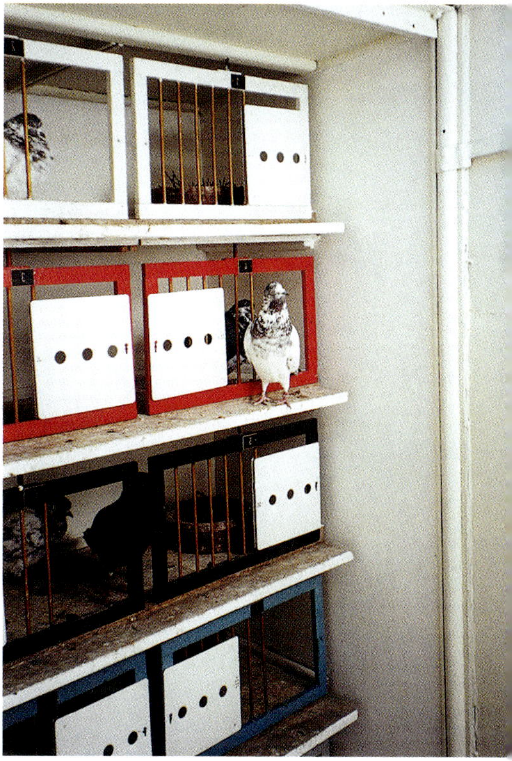

Zuchtzellen für Flugtippler (H. Nätke, Schwerin)

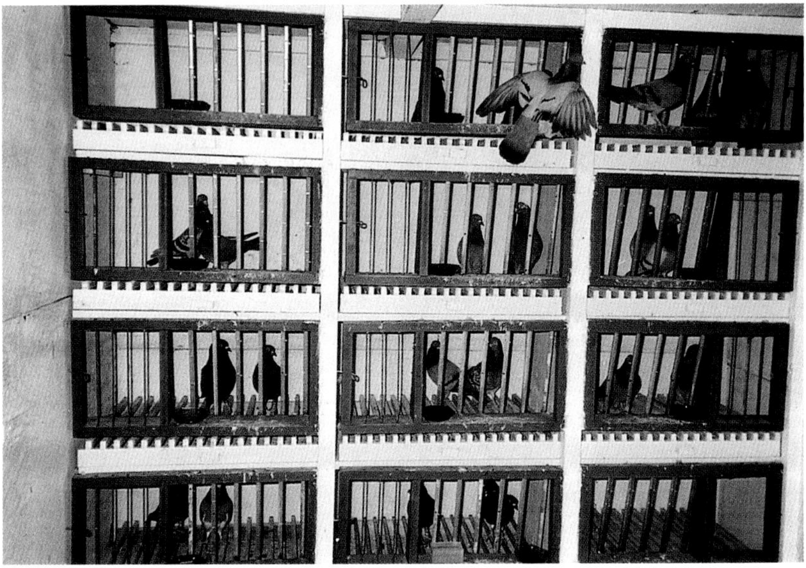

Zuchtschlag für Tippler (Pesic-Gafri, Berlin)

erfolgen und gegebenenfalls die weit verbreitete Trichomoniasis („Gelber Knopf") und Kokzidiose mit einem Antibiotikum (über den Tierarzt) behandelt sowie gegen Wurmbefall Kuren verabreicht werden, damit die Tiere gesund und munter in die Hecke gehen können. Dabei darf man allerdings nicht vergessen, nach diesen vorgenommenen Kuren den Vitaminhaushalt der Tauben wieder durch Trinkwasserzusätze aufzufrischen.

Der Zuchtbeginn liegt bei Flugtauben Ende Februar/Anfang März. Man sollte jedoch bei dieser Terminfestsetzung berücksichtigen, dass die zweite Brut Jungtauben noch wettflugreif werden kann. Dabei muss man sich vor Augen führen, dass eine junge Leistungstaube schon im Alter von zehn bis zwölf Wochen ihren Leistungshöhepunkt erreicht. Man kann demnach entsprechend zurückrechnen und danach den Zeitpunkt des Zuchtbeginns ansetzen.

Alle unsere Flugtauben haben sich einen außergewöhnlichen Zuchtfleiß bewahrt. Es sind temperamentvolle Tiere, die sehr schnell zur Brut schreiten.
Einige Tage vor dem Zusammensetzen der Tiere füttern wir etwas Kleinsaat, damit sie vor Lebensfreude geradezu übersprühen. Die auf dem Papier bereits zusammengestellten Zuchtpaare erhalten dann ihre Nistzelle zugewiesen und werden bald anfangen, diese gegen andere Tauben zu verteidigen und zum Nest zu treiben.

Zehn Tage nach dem Zusammensetzen der Tauben kann man mit der Eiablage rechnen, oft auch früher, insbesondere bei den schon zuchterfahrenen Alttauben. Während dieser Zeit darf es im Schlag nicht an bestem Taubenstein, Grit usw. fehlen. Wir geben jetzt natürlich ein gutes handelsübliches Mischfutter, womit die Tiere morgens und abends knapp satt gefüttert werden.
Während der Aufzuchtzeit sollte man den Tieren öfter Grünzeug in Form von Salat, Miere, Schafgarbe oder dergleichen geben. Eingeweichtes, altbackenes Brot und Pressfutterbeigaben nehmen die Tiere ebenfalls begierig auf. Jede Woche den Tieren ein Bad zu gewähren, ist auch anzuraten. Nach Möglichkeit sollte man ihnen in einer Voliere das Sonnenbaden und Sich-beregnen-Lassen erlauben.
Äußerst vorteilhaft ist die sogenannte Zellenfütterung, die bereits bei vielen Züchtern gang und gäbe ist. Im Handel sind Ton- oder Glasnäpfchen eigens dazu erhältlich. Es gibt sogar kleine Zellentränken. Diese Fütterung ermöglicht uns, jedem Zuchtpaar das Futter zuzumessen, das es bekommen soll. Bei dem sonst üblichen Füttern in einer Futterrinne auf dem Schlagboden haschen die ranghöchsten Tauben das beste Futter weg und man wundert sich nachher, wieso ausgerechnet die Jungtauben in einem Nest besonders gut gedeihen. Dies ist auch eine sehr hygienische Fütterung.
Der größte Vorteil liegt jedoch darin, dass die Jungen bereits im Alter von ungefähr 18 Tagen allein zu fressen und trinken verstehen, weil sie dies den Eltern abschauen. Die Eltern werden dadurch sehr entlastet. Sie schreiten meistens dann schon wieder zur nächsten Brut, wenn die Jungen etwa 14 Tage alt sind.
Man tut gut daran, den Paaren jeweils das erste Ei wegzunehmen und durch ein Gipsei zu ersetzen, bis das zweite abgelegt ist. Dann hat man die Gewähr, dass die Jungen ziemlich dicht aufeinanderfolgend aus den Eiern schlüpfen und aufwachsen. Wir können so auch die verschiedenen Legetermine der einzelnen Zuchtpaare in etwa ausgleichen, um es nachher beim Eingewöhnen und Trainingsfliegen mit möglichst gleichaltrigen Jungtauben zu tun zu haben.

Bereits im Nistteller nehmen wir die erste Auslese vor. Jungtauben, die nicht mit vollem Kropf und ohne einen Mucks von sich zu geben im Nistteller liegen, in der Entwicklung zurückbleiben oder gar Krankheitszeichen aufweisen, sollte man sofort ausmerzen.
Wir sollten uns jetzt schon mit den Jungtauben sehr viel befassen, sie des Öfteren in die Hand nehmen und kontrollieren, damit sie sich vorzeitig an uns gewöhnen.
Im Alter von etwa vier Wochen setzen wir die Jungtauben von den Eltern ab und geben sie in den Jungtierschlag. Sie müssen dann unter den Flügeln zugewachsen sein, dürfen aber ruhig noch Federansätze um die Nasen- und Schnabelgegend aufweisen und haben sich mollig anzufühlen. Sie sollen einen forschen Gesichtsausdruck haben und im Gefieder bestens entwickelt sein.

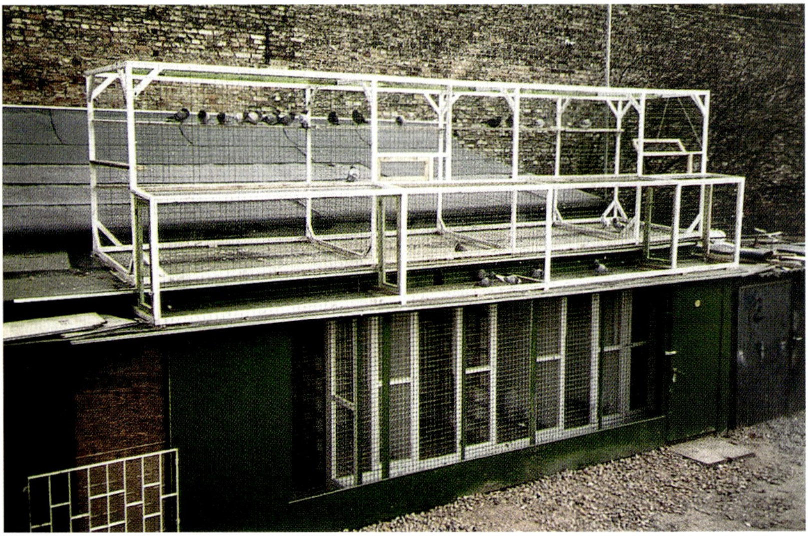

Eine Sportanlage für Flugtippler

Viele Flugtaubensportler beenden bereits mit der zweiten Brut die Zuchtzeit, da sie möglichst viel vom Flug der Jungen sehen und nicht alle Arbeit auf die Aufzucht verwenden wollen.
Man kann jedoch bedenkenlos auch unsere Flugtauben bis Ende Juli/Anfang August brüten lassen. Speziell in den warmen Sommermonaten wachsen oft noch prächtige Jungtiere heran. Diese dann in die Zucht zu geben, wäre im nächsten Jahr nicht zu empfehlen. Aber man kann sie gut zu den nächstjährigen Alttierwettflügen heranziehen.
Unseren Jungtauben legen wir im Alter von fünf Tagen die offiziellen Fußringe an, die seitens der Flugtaubenvereinigungen herausgebracht werden. Um jedoch die Rückführung entflogener Tauben umgehend zu ermöglichen, sollten wir neben den Fußringen mit Jahreszahl, laufender Nummer und Vereinigungszeichen noch Namensringe aufziehen. Sie sind heute in Aluminium- oder Plastikausführung im Fachhandel erhältlich. Für uns Flugtaubensportler sind sie sehr wertvoll.

Die Zuchtmethoden

Natürlich ist speziell bei Leistungstauben die Zuchtmethode von großer Bedeutung. Gewöhnlich werden die Zuchttauben so zusammengesetzt, dass man Tiere „fremden Blutes" anpaart, das heißt, aus verschiedenen Stämmen derselben Rasse die Paarungen vornimmt. Diese Zuchtmethode kommt jedoch einem Lotteriespiel gleich: Es kann Zufallstreffer geben, aber ebenso gut auch Nieten.

Erwiesenermaßen ist die **Verwandtschaftszucht** vorteilhafter. Wir brauchen uns nur einmal auf den Schlägen umzuhören, deren Züchter mit immer guten Leistungserfolgen im Hochflug aufwarten, und werden dann feststellen, dass hier jahrzehntelang mit einigen oder wenigen guten Ausgangspaaren und deren Nachzucht gearbeitet wird, ohne dass Tiere aus anderen Schlägen in die Zucht eingestellt werden. Wir benötigen später einen Stich Flugtauben, bei dem alle Tiere in Wesen, Körper und Flugstil weitgehend übereinstimmen. Das erreicht man am ehesten durch strikte Verwandtschaftszucht. Man paart also beispielsweise den Vater an die Tochter, die Mutter an den Sohn, die Nachkommen daraus wieder an den Vater oder an die Mutter zurück usw. Selbst eine Geschwisterpaarung hat sich gut bewährt und führt zu besten Resultaten. Nur muss hier in allen Fällen genaue Buchführung betrieben werden und als oberster Grundsatz die harte Auslese gelten. Alles, was unseren Ansprüchen nicht entspricht, darf nicht weiter im Zuchtgeschehen Verwendung finden.

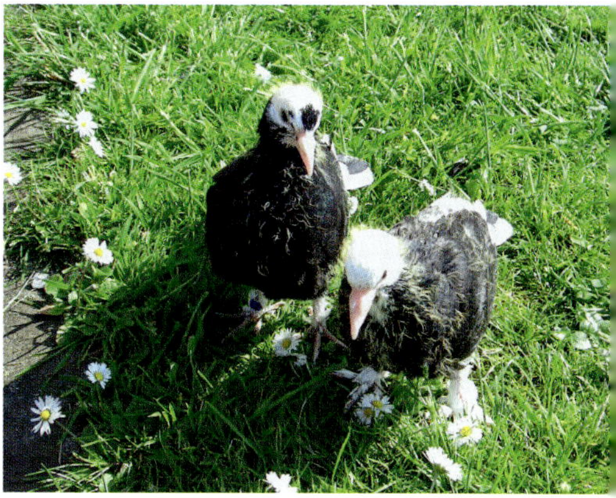
Junge Dunek (K. Jungnickel)

Bewährt ist bei jeder Verwandtschaftszucht die **Ausgleichspaarung**. Man setzt also etwa ein Tier mit schmalen, langen Flügeln an eines mit breiten, kurzen, oder ein Tier mit großer Körperlänge an eines mit geringer. Als Ziel sollte dabei eine möglichst ausgeglichene Taube dienen, die in allen Teilen harmonisch ist und rein äußerlich bereits die Voraussetzungen für eine entsprechende Flugleistung mitbringt. Empfehlenswert für uns Leistungstaubenfreunde ist die aus der Wirtschaftsgeflügelzucht bekannt gewordene sogenannte Gebrauchskreuzung. Man zieht sich „Hybriden" heran und macht sich dabei den dann auftretenden „Heterosis"-Effekt zunutze. Dieses Zuchtprinzip basiert darauf, dass man sich in Verwandtschaftszucht über mindestens drei Generationsfolgen hin zwei voneinander unabhängige Zuchtstämme aufbaut und die Nachzucht hierauf miteinander verpaart. Diese Zuchtprodukte zeichnen sich in der Regel durch Leistungen aus, die diejenigen der Ausgangstauben bei Weitem übersteigen.
Weitergezüchtet wird mit ihnen jedoch möglichst nicht mehr. Die hervorragenden Eigenschaften würden dann wieder aufsplitten (ausmendeln).
Im Brieftaubenlager hat sich diese Zuchtmethode bereits recht bewährt, nachdem der ungarische Prof. Anker den wissenschaftlichen Hintergrund allen in verständlicher Form klargemacht hat.

Natürlich hat der Züchter einer weit verbreiteten Rasse größere Gestaltungsmöglichkeiten in der Zucht als der, der sich einer recht selten anzutreffenden Rasse widmet. Eines sollte man sich aber auf jeden Fall immer vor Augen halten: Es sollten allein die Tiere in den Zuchtprozess eingeschaltet werden, die sich leistungsmäßig bewährt haben. Keinesfalls haben im Zuchtschlag sogenannte „Blender" etwas zu suchen, die möglicherweise „schön" aussehen, ansonsten jedoch den Beweis ihres fliegerischen Könnens schuldig geblieben sind.

Beeinflussung von Leistungsanlagen

Drei Dinge sind es, die man für den Erfolg in der Leistungstaubenzucht als Voraussetzung anzusehen hat: Umwelt, Fütterung und Zucht.
Über Fütterung und Zucht ist bereits kurz berichtet worden. Dem Faktor „Umwelt" wird leider immer noch viel zu wenig Beachtung geschenkt. Darunter ist nicht allein die nähere oder weitere Umgebung zu verstehen, also etwa Schlag, Stalleinrichtung, Lage des Schlages usw., sondern die Gesamtheit aller Faktoren, die zum Wohlbefinden unserer Flugtauben erforderlich sind – also physiologische und psychische Momente.

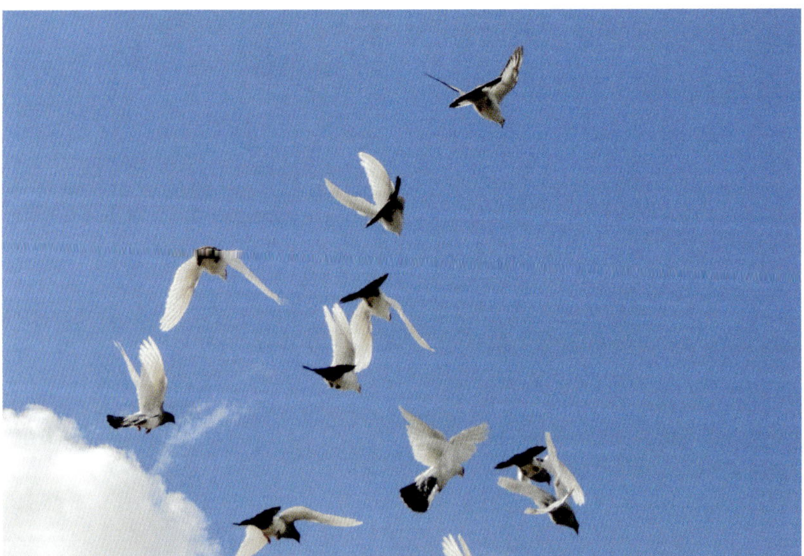

Nicht nur das Erbgut, sondern auch die Umweltbedingungen beeinflussen die Leistung der Tauben.

Es ist längst erkannt worden, dass eine Wechselwirkung zwischen Erbmasse und Umwelt besteht. Denn die erblich bedingten Eigenschaften einer Taube – in unserem Fall das Flugleistungsvermögen –, die in Ei, Samen und damit in der befruchteten Eizelle festgelegt sind, bilden lediglich die Grundlage der Zucht. Der Ausbildungsgrad dieser Erbanlagen hängt von den jeweiligen Umweltbedingungen ab, unter denen die Taube aufwächst und sich entfaltet.

Grenzen der Leistungsentfaltung sind allein durch den Genotyp (Erbanlagenbestand eines Lebewesens) gesetzt. Eine Rollertaube, die vom Genotyp her in der Luftakrobatik ihre Hauptakzente hat, wird selbst bei günstigsten Umweltbedingungen nicht einen 20-Stunden-Flug von Flugtipplern vollbringen können.
Im Rahmen ihrer Leistungsveranlagung wirkt sich eine vorteilhafte Umwelt jedoch günstig aus. Würde sie normalerweise während ihres Gaukelfluges vielleicht zehnmal rollen, könnte sich infolge positiver Haltungs- und Fütterungsbedingungen ein Flugspiel ergeben, bei dem sie mit rasenden, wirbelnden Überschlägen in ununterbrochener Folge brilliert.
Hieraus resultiert im Wesentlichen, warum Flugtauben gleichen Ursprungs nicht überall und bei verschiedenen Züchtern gleich gute Flüge zeigen. Zu stark an das sie umgebende Milieu angepasste Tauben werden „umweltmüde“; ihre Leistungen verflachen.
Es kann zu sogenannten „Modifikationen“ (umweltbedingte Veränderungen eines Organismus, die als nicht erheblich angesehen werden) kommen, die anhand des äußeren Erscheinungsbildes (Phänotypus) einer Taube kaum mehr Rückschlüsse auf ihr Erbgut zulassen.
Infolge von Klima- und Umwelteinflüssen kann ein selbst rein weitergezüchteter Stamm von Leistungstauben in Generationen starke Veränderungen im Äußeren erleben, sodass man meinen könnte, völlig andere Tiere vor sich zu haben. Dies ist eine sehr interessante Wahrnehmung.
Wir Flugtaubensportler machen sie uns zunutze, indem wir aus unseren gut durchgezüchteten Stämmen komplette Familien an Züchter abgeben, die ihren Schlag in völlig anderer klimatischer und geografischer Umwelt haben. Dort werden sich die eben erwähnten Modifikationen ergeben. Modifizierte Tauben nimmt man alsdann in den ursprünglichen Stamm zurück und führt sie wieder den alten Umweltbedingungen zu. Diese Vornahme wirkt sich, wie die Praxis gelehrt hat, ungemein leistungsförderlich aus, überbrückt also ständig den sich sonst anbahnenden Leistungsabfall.
In diesem Zusammenhang möchte ich darauf hinweisen, dass es ein Unding ist, in unserem Sport beispielsweise vom „Lovatt-Stamm“ (Flugtippler) usw. zu reden, wenn die Tauben nicht unmittelbar von Mr. Lovatt erworben worden sind. Rein weitergezüchtete Tippler von Mr. Lovatt werden nämlich in anderer Umweltschichtung

in nur wenigen Generationen schon nicht mehr die sonst typischen äußeren Merkmale dieses Stammes aufweisen.

Wenn Umwelteinflüsse die Flugleistungen unserer Tauben veränderbar machen können, so fragt man sich, was man praktisch tun oder unterlassen muss und kann, um zu verbesserten Erfolgen zu kommen.
Vererbte Leistungseigenschaften können beeinträchtigt werden durch Krankheiten, Parasitenbefall, Fütterungs- und Haltungsfehler. Hiergegen kann man heute etwas unternehmen. Die psychische Seite ist damit allerdings noch nicht berührt. Es kann durchaus sein, dass Leistungserfolge ausbleiben, weil der Schlag in seiner Lage zur Umgebung hin den Tauben nicht behagt. Nicht selten entspricht irgendetwas nicht dem Naturell ihrer Insassen. So lieben Tauben hoch gelegene Schlaganlagen und nicht nur hochmoderne, helle Innenräume, sondern auch etwas dunkle Ecken, die ihnen als Höhlenbrüter entgegenkommen. Schläge, die keinerlei Hauptlichtquelle zur Sonnenrichtung besitzen, sind den sonnenhungrigen Tauben auch nicht sonderlich angenehm.

Die Be- und Entlüftungsfrage spielt eine große Rolle beim Bau der Taubenschläge. Licht und Luft sind Faktoren, die unseren Tauben als Vögeln aus dem sonnigen Orient Bedürfnis sind. Sonneneinfall regt den Stoffwechsel an, fördert den Mineralstoffwechsel und hebt das Allgemeinbefinden sehr. Das soll aber nicht bedeuten, dass ich hier Fluganlagen befürworte, die Bretterbuden ähnlich sehen. Aber mit etwas Geschick kann jeder Züchter dem Naturinstinkt der Tauben nach gelegentlichem Aufsuchen von abgedunkelten Plätzen entgegenkommen.
Vor energiezehrenden Wettflügen dunkeln manche Züchter ihre Schläge gern ab. Lange Zeit meinte man, dies solle allein ein Ausruhen der Tauben bewirken. Heute wissen wir, dass diese Maßnahme für sie lustbetont ist und sie psychisch sehr positiv beeinflusst.

Gleichermaßen bedeutsam bei den Umwelteinflüssen ist die Berücksichtigung der sozialen Rangordnung bei Tauben, ihre Stellung in der Gemeinschaft. Zweifellos kennen sie sich untereinander, wenn sie über längere Zeit zusammen in einer Schlaganlage gehalten werden. Jeder Täuber verfügt im Stall über eine bestimmte Einflusszone, die er verteidigt. Störungen dieser Lebensordnung (und die gibt es ständig in diesem Sozialgefüge) können zur Folge haben, dass unterlegenen Vögeln das „Selbstwertgefühl" genommen wird und sie in ihren Leistungen zeitweilig nachlassen. Eine fortwährende Beobachtung aller Flugtauben ist darum auch striktes Erfordernis für den Leistungstaubenfreund.
Dieses Problem der gestörten sozialen Rangordnung lässt sich dadurch umgehen, dass man diejenigen Tauben, die besondere Leistungen vollbringen sollen, die

Schlaggemeinschaft vorenthält. Man setzt sie einzeln in Boxen und bewahrt sie so vor möglichen abträglichen Kämpfen um die Rangplätze innerhalb der Gemeinschaft. Beim Fliegen halten Tauben nämlich im Verband zusammen, ungeachtet der sich im Schlag herausgestellten Rangabstufungen.
Man hat also dafür zu sorgen, dass selbst den rangniederen Tieren immer noch das Gefühl lustbetonten Verhaltens bleibt, indem man ihnen etwa leicht zu verteidigende Aufenthalts- oder Nistbereiche schafft, in denen sie sich als „Respektpersonen" vorkommen, was sie seelisch auffrischt – eine Voraussetzung für Leistungserfolge. Auch das intensive Befassen mit den Tauben kann leistungsförderliche Auswirkungen haben. An den Umgang mit Menschen gewöhnte Tauben sind psychisch ausgeglichener als solche, die im wahrsten Sinne des Wortes die Wände hochgehen, wenn sich ihnen ein Mensch nähert.

Ehe man also sonst wo nach Fehlerquellen für das Versagen der Tauben im Flug sucht, sollte man einmal überlegen, ob nicht die Umweltbedingungen leistungsabträglich sind. In vielen Fällen liegt hierin die Wurzel allen Übels.
Wir kennen alle auch das Phänomen, dass Tauben, die nachgewiesen in einer bestimmten Gegend der Welt ausgezeichnete Flugzeiten erbringen, zunächst einmal völlig versagen, wenn man sie in eine ihnen neue Umgebung bringt.
Dabei haben wir festgestellt, dass Tauben, die aus rauem Klima stammen, in der Regel in mildem Klima gleichermaßen gut weiterfliegen. Haben die Tauben jedoch den umgekehrten Weg genommen, setzen die Schwierigkeiten ein. In solchen Fällen wird allein die schrittweise Akklimatisierung von Generation zu Generation Besserungen erhoffen lassen.
Gerade unter diesem Aspekt hat man auch der Neueinbürgerung recht exotischer Leistungstaubenrassen mit leichter Skepsis zu begegnen. Anfangserfolge sind keine Gewähr dafür, dass sie in unseren Breiten auf Dauer Bestand haben können. Schon zahlreiche dieser Rassen sind mit vielen Vorschusslorbeeren bei uns aufgekreuzt und dann schnell wieder von der Bildfläche verschwunden.

Das Flugtraining

Einige Gedanken vorab

Bevor ich mit der Behandlung der Tauben zum Training, Füttern usw. beginne, möchte ich einiges vorwegschicken. Es wird eine Anzahl Sportfreunde geben, die von vornherein sagen, dass sie keine Zeit zu einem besonderen Training ihrer Flugtauben aufbringen könnten, oder aber, dass sie gar nicht darauf aus wären, besondere Leistungen zu erzielen. Das mag zutreffen.
Jedoch liegt es nicht im Interesse unseres Sportes, dass auf die Züchter deswegen besondere Rücksicht in der Themenbehandlung genommen werden kann. Denn ich finde, es ist besser, möglichst perfekt die sportliche Seite unseres Hobbys zu beleuchten, als Abstriche zu machen, die uns aus einer ungesunden Mittelmäßigkeit nicht hinausführen. Von meinen Ausführungen kann man ja abweichen, wenn dies für den Einzelfall als erforderlich angesehen wird.

Aber zum Glück führen viele Wege nach Rom. Es kann durchaus vorkommen, dass Flugtauben bestens fliegen, obschon sie anders trainiert worden sind, als ich es in den nachfolgenden Kapiteln beschreibe. Dazu ist aber zu beachten, dass sol-

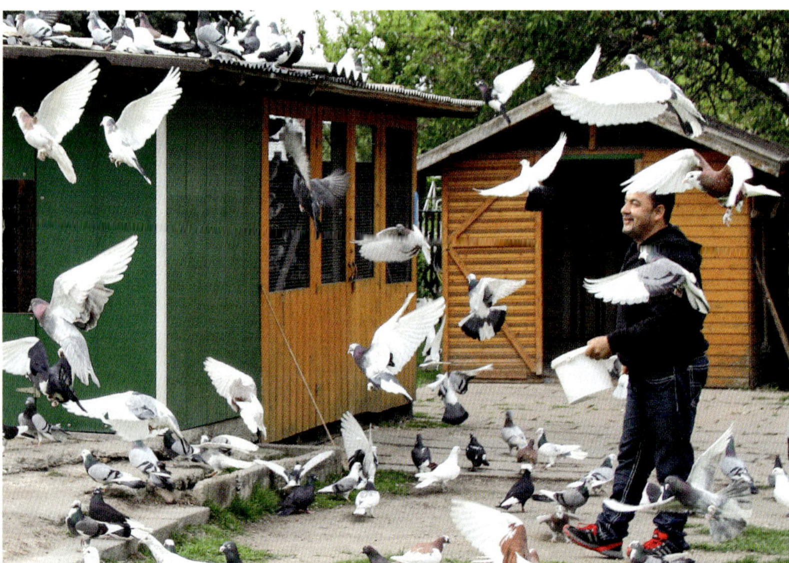

Bastian Raca mit einem Teil seiner zahlreichen Rassen von Flugtauben

che Leistungserfolge meistens rein zufälliger Natur sind. Das jedoch wollen wir mit allen zur Verfügung stehenden Mitteln möglichst ausschließen. Wir wollen unsere Erfolgsflüge nicht dem Zufall überlassen, sondern durch ein planvoll geführtes Trainingsfliegen und Füttern erreichen, an einem bestimmten Tag die Tauben dermaßen in Form zu haben, dass sie dann ihr Bestes zeigen. Und dieser Tag sollte der Wettflugtag sein.

Denn was bedeuten schon die wundervollsten Leistungsflüge, wenn sie außerhalb der offiziellen Wettstreite zustande kommen und am Wettflugtag selbst von den Tieren kaum nennenswerte Leistungen erbracht werden?
Mir sind Fälle bekannt, in denen Flugtauben sich zu enormen Leistungen gesteigert haben, ohne dass eigentlich an ihnen vom Züchter gearbeitet worden war. Ich habe untrainierte Tippler-Teams gesehen, die nach einer Hand voll Perlmais 16 Stunden flogen. Ich sah Danziger Hochflieger, die bisher nur immer ein oder zwei Stunden geflogen waren, plötzlich stundenlang hoch am Himmel schwebten. Ich besaß Wiener Hochflieger, die nie über drei Stunden Flugzeit gekommen waren und sich auf einmal zu sechsstündigen Flügen aufrafften. Das wird jedem Flugtaubensportler schon so ergangen sein.

Man sollte darum besser ziel- und planvoll das Trainingsfliegen und Füttern betreiben, um die Tiere dann zu Leistungen anzuregen, wenn man es selbst will, und dies nicht den Tauben allein überlassen.
Selbst wenn man noch so wenig Zeit infolge beruflicher Überlastung hat oder wenn man als alter Sportler nie von diesen Methoden, wie hier geschildert, gehört hat, so sollte man sich dennoch wenigstens im Prinzip daran halten.
Wichtig ist vor allem, dass man die Tiere planvoll füttert und sie geregelt trainiert, wozu unbedingt auch die Mitarbeit der Locktauben erforderlich ist.
Wenn man von seinen Tauben keine sonderlich hervorragenden Flüge wünscht, so muss man eben die Fütterung entsprechend drosseln und erst dann wieder steigern, sobald die Tauben ihr Flugvermögen demonstrieren sollen.

Unter dem geregelten Training ist zu verstehen, dass man die Flugtauben nicht einmal frühmorgens und einmal spätabends fliegen lässt. Man muss sie daran gewöhnen, dass ihr Start immer zur gleichen Zeit erfolgt. Nach meiner Meinung ist dies am besten abends. Sollte man zur Startzeit arbeiten müssen, dafür aber beispielsweise zu anderer Tageszeit die Tauben fliegen lassen können, so tut man gut daran, sie lieber im Schlag zu behalten, als ihnen zu der ihnen ungewohnten Zeit das Fliegen zu gewähren. Es macht durchaus nichts, wenn unsere Tauben einmal eine Woche lang festsitzen. Im Winter müssen sie es ja auch. Und doch sind sie im Frühjahr schnell wieder da, wenn es ans Fliegen geht.

Für jene Sportfreunde, die nicht auf Höchstleistungen erpicht sind, bedeutet unser Sport sicher nicht weniger als für die Wettflugsportler. Rollertauben etwa sollen nicht einmal allzu ausdauernd fliegen. Ihr Rollen würde nur darunter leiden.
Für viele andere Flugtauben aber, die ja heute nicht mehr wie früher in der Luft „tümmeln“, sondern allein hoch und ausdauernd fliegen, wollen wir in den nachfolgenden Kapiteln zeigen, wie man planvoll zu außergewöhnlich guten Leistungsflügen kommen kann. Dabei ist besonders berücksichtigt, dass diese Leistungen an einem bestimmten Tag erzielt werden können, sofern man die Tauben daraufhin füttert und fliegt.
Es sei darauf hingewiesen, dass bei einigen Rassen – zumeist Tauben mit besonderem Flugverhalten wie Nikolajewer oder Rollerrassen – durch plötzlichen Futterwechsel geradezu Misserfolge heraufbeschworen werden können. Futterwechsel bringt natürlich den gewohnten Rhythmus der Flieger durcheinander; das soll ja in der Regel auch eine Spezialfütterung bewirken. Die Leistung soll gesteigert werden. Dadurch kann der rassetypische Flugstil leiden, da die Tauben durch die Futterveränderung „energiegeladen“ an den Start gehen und dann schnell höher und ausdauernder als gewohnt zu fliegen beginnen.
So brauchen auch die verschiedenen Vertreter der Sturzflugtauben keine besondere Futterumstellung. Sie unterliegen ja ständiger intensiver Schulung durch den Züchter, haben demzufolge auch fortwährend in Topkondition zu sein, müssen also stets mit gutem Futtergemisch versorgt werden. Und doch wird auch bei ihnen für eine bevorstehende Flugvorführung gezielter als sonst auch in Bezug auf die Futterzusammensetzung vorgegangen werden.

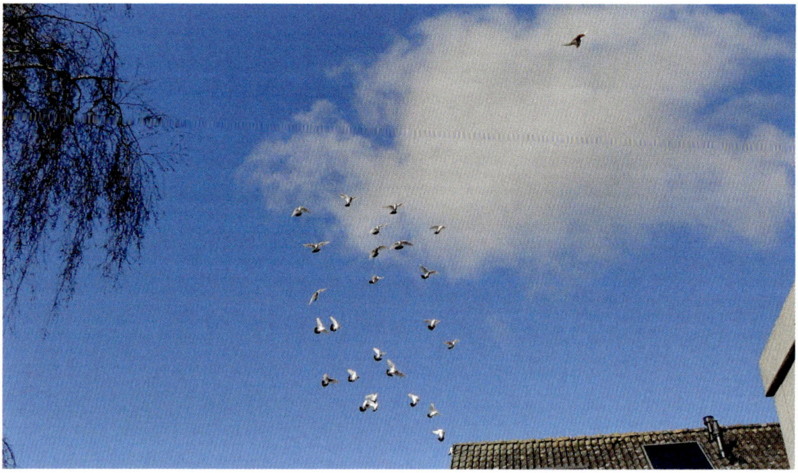

Der Start der Flugtauben sollte immer zur gleichen Zeit erfolgen.

Das Gros unserer leistungsorientierten Flugtaubenfans besteht jedoch aus Anhängern von Hochfliegern und Flugtipplertauben. Und hier ist gezieltes Vorgehen beim Füttern stets vorteilhaft. Im Laufe der Zeit bekommt man sowieso Routine auf diesem Gebiet und weiß aus dem Gefühl heraus, wie und wodurch man seine Tiere in Form bekommen kann. Mit bloßem „Erbsen-Zuzählen" ist es da im Grunde genommen nicht getan. Man muss ein Gespür dafür entwickeln, um richtig zu füttern und die Tauben auch darüber hinaus wirksam zu versorgen. Das lässt sich aber erlernen. Beispiele werden Ihnen in nachfolgenden Kapiteln aufgezeigt.
Hat man etwas Praxis in unserem Flugsport, wird man rassegerecht vorgehen. Der Informationsaustausch mit den Kollegen zeigt uns den Weg im Flugtraining jeder Rasse.

Eingewöhnen von Flugtauben

Wenn schon das Eingewöhnen von nicht sonderlich fluggewandten jungen Rassetauben Schwierigkeiten bereitet, so haben Flugtaubensportler in besonderem Maße damit zu tun. Aber auch hier kommt es darauf an, welche Leistungstaubenrasse man hält. Es ist verhältnismäßig leicht, nicht ausgesprochen lange fliegende Hochflieger an den Schlag zu gewöhnen, wie etwa Wiener Hochflieger oder Orientalische Roller. Dagegen werden an die einfühlsamen Fähigkeiten des Züchters große Ansprüche bei der Eingewöhnung von ausdauernd fliegenden Hochflugtauben wie etwa den Flugtipplern gestellt, bei denen das Zugewöhnen von flugerfahrenen

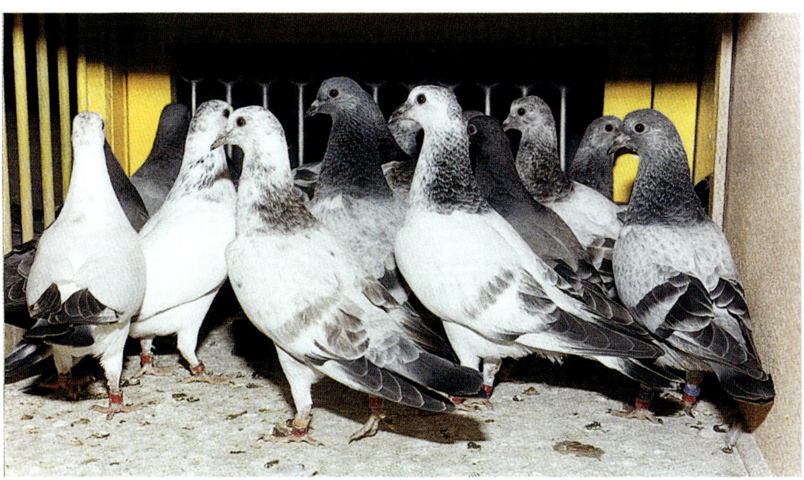

Eine Gruppe junger Flugtippler aus der Zucht des Autors.

Alttauben nahezu ein Ding der Unmöglichkeit ist. Bei anderen Hochflugtauben lassen sich auch Alttauben gut zum Halten bringen.
Handelt es sich also um eine leicht einzugewöhnende Flugtaubenrasse, so kann man folgendermaßen vorgehen: Man setzt die Jungtauben im Alter von vier bis fünf Wochen von den Eltern ab und bringt sie im dafür vorgesehenen Jungtierschlag unter. Wenn zuvor vom Züchter im Zuchtschlag die Zellenfütterung bei den einzelnen Paaren vorgenommen wurde, werden die Jungen sofort auch in dem für sie noch ungewohnten Jungtierschlag selbstständig zu fressen und zu trinken beginnen. Man kann ihnen darum auch bereits das Ein- und Auslaufen unter das Eingewöhnbauer draußen auf dem Hausdach erlauben.
Eine Woche lang verbleiben sie tagtäglich unter diesem Drahtkasten. Wasser kann man ihnen in einer kleinen Tränke im Kasten reichen. Gefüttert wird jedoch nur im Schlag einmal abends mit einem guten handelsüblichen Futtergemisch. Man lockt dann die Tiere durch Rufen oder Flöten ins Schlaginnere, lässt sie fressen und trinken und verschließt den Zugang zum Eingewöhnkasten bis zum nächsten Tag.

Wenn die Tierchen mit ihrem neuen Leben vertraut sind, kann nach einer Woche zum ersten Mal die Klappe des Gewöhnkastens geöffnet werden. Am besten füttert man dazu die Tiere zwei Tage sehr knapp und macht die Klappe bei Sonnenuntergang auf, wenn es windstill und etwas regnerisch ist. Meistens fliegen die Tiere nicht ab. Das ist nicht schlimm. Man lässt dann die Tauben etwas auf dem Dach herumlaufen, wirft ihnen hin und wieder einige Körner hin und lockt sie darauf in den Schlag.

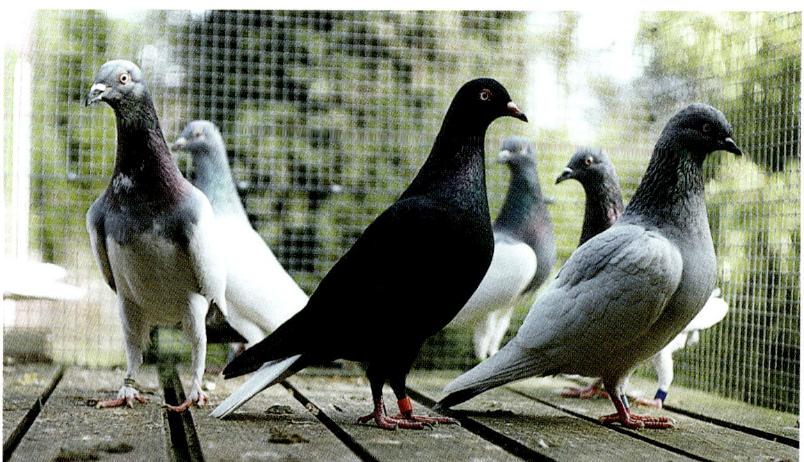

Mitteldeutsche Tümmler (H. Müller, Faßberg)

Am nächsten Abend wiederholt man dies. Sollten die Tiere nun abfliegen, so lassen wir sie ruhig ungefähr eine Viertelstunde fliegen, wobei wir sie genau beobachten. Die Tiere werden wie wild durcheinander jagen und darauf bedacht sein, alsbald irgendein Hausdach anzufliegen. Auch jetzt lassen wir sie sich erst etwas abreagieren und beginnen dann damit, die Tiere mit Rufen und Flöten, Futterstreuen und Locktauben auf den Heimatflugschlag zurückzuholen. Oft gelingt dies nicht gleich am ersten Tag. Aber am nächsten Tag suchen die Tiere von sich aus vor Hunger ihren Schlag, sodass es ein Leichtes ist, sie wiederzubekommen.
Eine Flugtaube, die von selbst zum Schlag zurückgefunden hat, kann man als schlagfest betrachten.

Wie bereits erwähnt, verdienen ausgesprochene Dauerflieger unter den Hochflugtauben, wie etwa die Flugtippler, besondere Beachtung. Diese Tiere sind bereits im Alter von vier bis fünf Wochen in der Lage, gut und gern mehrstündige Hochflüge zu vollbringen. Die Kraft dazu haben sie bereits, aber ihr Orientierungssinn ist nicht in gleichem Maße gewachsen wie ihr Flugvermögen. Darum müssen wir uns einiger Hilfsmittel bedienen, um auch sie eingewöhnen zu können. Man nimmt diese Tauben ebenfalls im Alter von ungefähr vier Wochen von den Eltern, setzt sie eine Woche unter den Gewöhnkasten und füttert einmal täglich abends gutes Mischfutter. Wir geben den Jungtauben jedoch stets bei der Fütterung eine oder mehrere gleich junge weiße Pfautauben bei, die später als Locktauben (= Dropper) verwendet werden sollen.
Nach dieser Woche geht man allmählich zur ausschließlichen Gerstenfütterung über, die ebenfalls immer abends vorgenommen wird, wobei die Locktauben dazugesetzt werden. Trinkwasser erhalten die Tierchen nur nach dieser Abendfütterung, danach wird es wieder aus dem Schlag genommen. Eine Woche lang hält man diese Gerstenfütterung durch.
Dann lässt man die Tiere einen Tag hungern und gibt ihnen am nächsten Tag gegen Abend zum ersten Mal die Freiheit. Wir lassen dazu jedes Tier einzeln frei, weil es dann ohne Partner meistens nur wenige Runden ums Haus dreht. Nach einigen Rundflügen setzt man die Locktauben auf den Gewöhnkasten und lässt sie dort nach hingeworfenen Körnern jagen. Denn auch die Locktauben werden sehr hungrig gehalten. Die fliegende Jungtaube wird das sehen und alsbald den Schlag anfallen, um sich an der Jagd nach dem Futter zu beteiligen. Das machen wir mit jeder Taube so. Am nächsten Abend wiederholt man dasselbe, bis man meint, dass die Tiere eingewöhnt sind.

Man kann sich natürlich auch weiterer Hilfsmittel zum Eingewöhnen bedienen. Einige Züchter nehmen ein paar nicht sehr leistungsstarke Flugtauben, die sich vielleicht eine Stunde in der Luft bewegen können. Diese lassen sie fliegen. Und meis-

tens halten sich die neu einzugewöhnenden Jungtauben daran und kreisen einige Runden mit, um dann mit den schlagtreuen anderen Tauben anzufallen.
Auch ein gut geschulter Hochflugstich kann beim Eingewöhnen Dienste tun. Wenn man weiß, dass er beispielsweise drei Stunden fliegt und dann den Schlag anfällt, so kann man nach ungefähr 2,5 Stunden Flugzeit die Jungen herauslassen, damit sie mit den anderen eine halbe Stunde lang fliegen.
Am besten hat sich jedoch die Methode bewährt, wie ich sie zuvor beschrieb: Die Jungtauben also einzeln hungrig fliegen zu lassen und dann alsbald mit den Droppern zum Anfliegen ihres Heimatschlages zu bewegen.

Von nun an setzt für die Jungtauben ein neues Stadium ein. Denn sie müssen jetzt das Zusammenfliegen im Stich lernen. Dazu geben wir ihnen zunächst jeden Abend zusammen die Freiheit. Nach drei- oder viermaligem Start werden die Tiere schön in geschlossener Formation zusammen fliegen. Sie lernen also schnell das Truppfliegen. Damit hat der Züchter bereits den ersten Schritt zum Erfolg getan.
Man sollte, wie überhaupt stets in unserem Hobby, viel Geduld aufbringen und nicht vorschnell den Stab über Jungtauben brechen, die alles noch nicht so perfekt beherrschen. Es gibt unter ihnen auch Spätentwickler. Zudem ist zu berücksichtigen, dass sich Tauben, die zusammen in einem Schwarm fliegen sollen, gegenseitig kennen müssen. Ein gesonderter Schlag, der gar nicht groß zu sein braucht, hilft uns sehr, die Tauben aneinander zu gewöhnen.
Das Ausgewöhnen junger Flugtauben stellt, wie man erkennen wird, schon Ansprüche an die Geduld, das Einfühlungsvermögen und das Sich-etwas-einfallen-Lassen eines jeden Züchters.
Streng genommen handhabe ich dieses Ausgewöhnen meiner Jungtauben fast immer ein wenig anders. Festgestellt habe ich, dass Nachzucht, die sich mehrere Wochen unter Draht mit ihrer Umgebung vertraut gemacht hat, bei allem, was um sie herum vorgeht, auch zum Beispiel mehr Pfiffigkeit an den Tag legt als nestjunge Tierchen, wenn man erstmals Freiflug gewährt. Oft bleiben diese über Nacht weg, sind dann aber am nächsten Tag wieder im Stall.
Gefährlich ist es, wenn miteinander besonders vertraute Nestgeschwister bei den ersten Ausflügen zusammen himmelan steigen. Da verlässt sich das eine Dummerchen auf das andere und man gerät unversehens in völlig unbekannte Gegenden, wird nervös und findet nicht mehr heim. Grundsätzlich sollte man flugungewohnten Jungtauben nicht gerade zum ersten Mal bei lang anhaltenden Hochdruckphasen (für den Flugtaubenenthusiasten ist das Anbringen eines guten Barometers von größter Wichtigkeit) die Freiheit geben. Denn diese Wetterphase animiert sie zu Höhenflügen, die verhängnisvoll für unerfahrene Flieger werden können.
Sind die Tauben beim Ausgewöhnen handzahm, ist dies auch von Vorteil. Man bleibt ja für sie eine Art „Schlagzubehör“. Haben sie dagegen Scheu vor uns Züch-

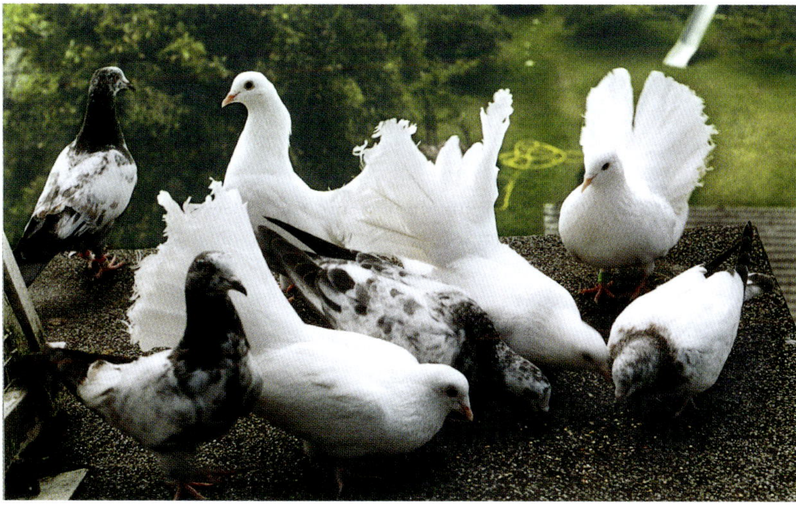

Jungtippler werden vor dem Flugkasten an die weißen Locktauben gewöhnt.

tern, misslingt vieles in diesem für junge Flugtauben doch so eminent wichtigen Lebensabschnitt.

Zahm bekommt man sie jedoch nur dadurch, dass man sie in ihrer Entwicklungszeit teilweise knapp in Futter hält und mit kleinen Leckerbissen verwöhnt. Gerade mit den jungen Tauben hat man recht behutsam und geduldig umzugehen. Wer im Schlag als Züchter herumpoltert, wilde Fangaktionen unternimmt oder die Tiere unbedacht herumscheucht, wird nachher zurückhaltende, verängstigte und scheue Jungtauben haben. Solche zu trainieren und an festgelegte Verhaltensmuster zu gewöhnen, wird Schwierigkeiten machen. Es gilt mithin, beizeiten eine gute Grundlage für das spätere Taubenleben zu schaffen.

Abrichten auf Locktauben

Sehr wichtig und von vielen Flugtaubensportlern oft noch zu wenig beachtet sind die Locktauben, die wir auch Dropper nennen. Ein guter Dropper ist sicher genauso wertvoll wie eine gute Flugtaube. Nach Möglichkeit sollte sich deshalb jeder Flugtaubenliebhaber der Hilfe von Locktauben bedienen. Denn durch sie hat er erst seine Tauben völlig in der Hand. Er kann fortan über den Flug der Tiere bestimmen, nicht jedoch die Tiere nach Lust und Laune selbst.

Es ist also nicht so, dass ein Dropper dazu da ist, die Tiere nur zum Anfallen auf den Schlag zu bewegen, sondern der Dropper soll die Tiere gerade zu längerem Fliegen

anregen. Denn gewöhnlich verlieren die Tiere nach einem langen Flug das Gefühl für die Zeit, beginnen unsicher zu werden und fallen den Schlag als festen Anhaltspunkt an. Diese Unsicherheit können wir ihnen aber durch die Dropper nehmen. Die Tierchen haben dann nämlich das Gefühl der Sicherheit, dass ihr Züchter den Flug durch das Setzen der Dropper dann beenden wird, wenn es richtig für sie ist.
Das Einspielen der Leistungstauben auf den Dropper ist ein reiner Dressurakt. Aus diesem Grund wird man nur solche Hilfsmittel als Dropper nehmen, die dem Wesen der Taube entsprechen. Man kann zum Droppen beispielsweise auch eine weiße Jagefahne oder ein Klingel- oder Flötzeichen wählen, aber natürlicher ist das Droppen mit einer Taube, da diese als Artgenossin der Flugtauben eher verstanden wird als ein mechanischer Droppvorgang.
Am besten nimmt man daher als Dropper eine oder mehrere weiße, flugunlustige Pfautauben alter Zuchtrichtung, die zahm und intelligent und bereits vor den Jungtauben fest an den Schlag gewöhnt sind. Als Dropper haben sich auch Tümmler-Pfautauben-Kreuzungen bewährt. Man wählt entweder Täubinnen oder aber Jungtiere dazu aus, speziell für junge Flugtauben.
Will man Erfolg haben, so hat das Einspielen der Flugtauben auf die Dropper schon von frühester Jugend an zu erfolgen. Bevor also die jungen Flugtauben im Alter von ungefähr vier Wochen von den Eltern in einem separaten Jungtierschlag abgesetzt werden, muss der Dropper bereits den Schlag und den Ausflug in den Eingewöhnungskasten draußen auf dem Dach kennen. Tagsüber setzen wir ihn nun getrennt (am einfachsten in eine leer stehende Trainingsbox, wodurch er sehr zahm wird) und lassen die Jungtauben während dieser Zeit allein im Schlag oder Gewöhnkasten.
Füttern wir aber gegen Abend, so setzen wir stets den sehr hungrig gehaltenen Dropper zu den jungen Tieren. Das tut man etwa eine Woche lang, sodass die Jungtauben sich einprägen, dass mit dem Sichtbarwerden des Droppers für sie die Zeit der Fütterung gekommen ist.
Lässt man nun die Jungtauben zum ersten Mal frei, so werden sie bald nach dem Sichtbarwerden des Droppers draußen auf dem Gewöhnkasten bestrebt sein, die Fluganlage anzufliegen, um sich an der Jagd nach Futter zu beteiligen. Denn wir halten sie beim Eingewöhnen immer sehr hungrig. Äußerst schnell werden die jungen Tiere wissen, dass sie so lange zu fliegen haben, bis der Züchter den Dropper zum Zeichen der Flugbeendigung gesetzt hat. Es ist geradezu erstaunlich, wie schnell die Jungtauben dies lernen.
Anfangs kann es geschehen, dass schon einmal das eine oder andere Jungtier anfällt, ohne dass bereits der Dropper gesetzt worden ist. In einem solchen Fall wird das Tier mit einer leichten Handbewegung sofort wieder abgejagt. Es soll wissen, wer der „Chef“ ist. Wir geben dann allerdings auch sofort den Dropper nach draußen und locken mit seiner Hilfe alle Tiere an. Täte man dies nicht, so könnte es

passieren, dass sich das Tier, das offensichtlich aus irgendeinem Grund anfliegen wollte oder musste, woanders niederlässt. Und das wäre ein kaum wieder gutzumachender Fehler.
Die Jungtauben sollen nämlich nur dort landen, wo der Dropper sitzt, und zwar natürlich direkt auf dem Flugbrett und nirgendwo anders. Der Dropper muss deshalb auch gut angelernt werden, damit er immer auf dem Flugbrett sitzen bleibt oder – durch eine Handbewegung abgejagt – sofort wieder auf das Flugbrett des Gewöhnkastens zurückkehrt. Das kann man ihm durch Hunger beibringen. Der Dropper soll darum an jenen Tagen, an denen er arbeiten muss, gut hungrig sein.
Jungtauben, die von jung auf an die Dropper gewöhnt sind, werden zeitlebens mit dieser Methode vertraut bleiben. Sie werden also immer erst dann den Schlag anfliegen, wenn es ihr Züchter durch das Zeigen der Dropper will. Das heißt mit anderen Worten: Durch die Mitarbeit der Dropper ist der Züchter Herr über seine Tauben und kann ihren Flug somit genau überwachen.

Will man mit Alttauben fliegen, so geht die Arbeit mit der Locktaube entsprechend wie hier bei den Jungtauben vor sich. Es ist zu empfehlen, sich in diesem Fall eines Täubers als Dropper zu bedienen, besonders dann, wenn man die Flüge mit Täubern durchführen will. Es kann jedoch vorkommen, dass der Dropper trotz großen Hungers die Arbeit verweigert.
Früher ist man einfach dazu übergegangen, der Locktaube ein Geschirr aus Wäscheband anzulegen, das an Brust und Rücken gekreuzt und vorn mit einem Ring

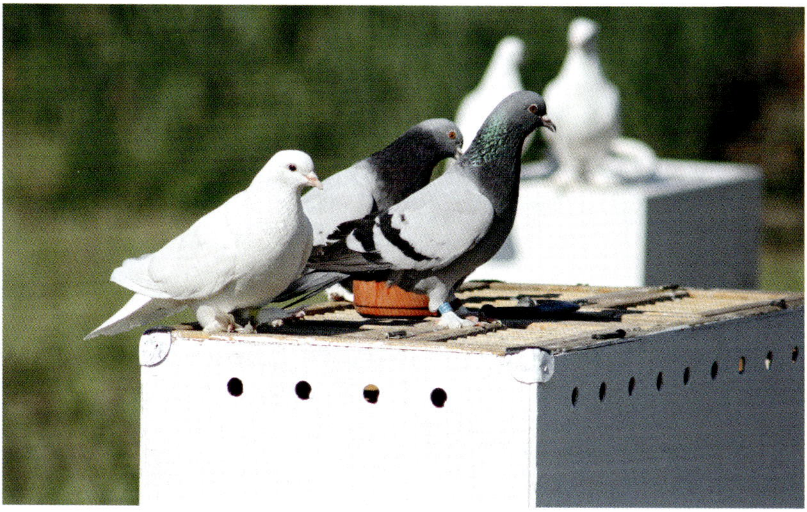

Diese Takla-Klatschtümmler werden durch weiße Dropper angelockt.

versehen ist. Damit konnte man diese Taube wie einen Hund anleinen, hatte sie demzufolge ständig zur Hand und beste Erfolge zu verzeichnen.
Oder man hält nicht nur einen, sondern mehrere Dropper. Wenn ich meine Jung- und Alttauben droppen will, dann setze ich einfach meine Dropper auf den Gewöhnkasten und lasse sie dort hin- und herfliegen. Sobald die fliegenden Tauben dies wahrnehmen, scheinen sie selbst in großer Höhe still zu verweilen und kommen dann nahezu im Sturzflug sofort auf den Schlag zu. Während des Anfliegens muss der Dropper ständig in Bewegung sein, damit die Tiere auf ihn besonders aufmerksam werden und direkt neben ihm anfallen. Es ist dann ein Leichtes, die Trabanten schnellstens in den Schlag zu locken!
Interessant ist es auch, wenn die Tiere während des Fluges des Öfteren sehr niedrig kommen, um mit zur Seite gewendetem Kopf Ausschau zu halten, ob nicht der Dropper schon auszumachen ist. Sehen sie ihn nicht, so geht's wieder mit neuem Schwung in höchste Höhen hinauf.

Konditionierung

Spätestens seit den Versuchen des russischen Wissenschaftlers Ivan Pawlow weiß man um die reale Deutbarkeit dieses Vorganges, Tauben auf optische und akustische Zeichen abzurichten. In der Wissenschaft spricht man von der sogenannten „Reflextheorie“, die besagt, dass alles Verhalten auf Reflexe zurückgeht.
Uns interessiert in diesem Zusammenhang nur der „bedingte Reflex“, unter den auch das an den Tag gelegte Verhalten unserer auf weiße Locktauben dressierten Flugtauben fällt. Wird nämlich zusammen mit einem natürlichen Reiz (das ist hier das Hungergefühl der Tauben) ein neutraler, wirkungsloser Reiz geboten (Lichtsignal, Ton, also im Wesentlichen optische oder akustische Signale), so löst dieser nach mehrfacher Wiederholung den Reflex, nämlich das Hinfliegen zu der Stelle, wo der Dropper der Taube sichtbar wird, auch völlig allein aus. Solche erfahrungsabhängigen Reize nennt man wissenschaftlich „konditionelle Reize“.
Zwischen dem natürlichen Reiz (Hungergefühl) und dem konditionellen Reiz (Zeigen des Droppers) hat sich eine Assoziation gebildet. Fast alle natürlichen Reflexe lassen sich durch künstliche Reize konditionieren. Man kann also anstelle der weißen Dropptaube auch andere optische Signale geben, die bei den Tauben die gleichen Reflexe auslösen würden.
Ein Beispiel wäre, dass man eine weiße Fahne dann heraussetzt, wenn man den fliegenden Tauben damit andeuten möchte, sie sollen ihren Flug beenden. So hat es Wilf Lovatt, der Weltrekordhalter bei den Flugtipplern, gemacht. Der Berliner Hans Kircher bastelte sich wiederum aus Holz, Draht und Federn eine Dopperattrappe, die er über Drahtzüge „flattern“ lassen konnte. Man kann hier auch auf die uns überlieferten und heute dort noch gängigen Praktiken asiatischer Flugtaubenleute Bezug nehmen, die beim Auflassen des Flugtaubenschwarms eine weiße

Fahne aufziehen. Holen sie diese ein, fällt der ganze Taubenpulk sofort geschlossen den Schlag an.
Wie man verfährt, ist egal. Im Endeffekt ist das Resultat dasselbe. Man muss selbstverständlich berücksichtigen, dass man als Signal etwas wählt, was Tauben schnell wahrnehmen und in entsprechende Reflexe umsetzen können. Das beste Zeichen ist somit wohl eine Artgenossin, eine zudem weiße, gut sichtbare, die auch aus größerer Höhe noch auszumachen ist.
Oft genug weiß mancher Züchter gar nicht, dass er ganz ungewollt oder unbewusst mit dieser Dropp-Methode arbeitet: Er ist nämlich an und für sich höchstpersönlich bereits für die Tauben ein „Dropper“. Sie haben mit seinem Erscheinen im Taubenstall die Fütterung gleichgesetzt. Und wenn dann, wie Züchter es ja gern tun, dabei noch geflötet und mit Rufen gelockt wird, dient auch dies als Droppzeichen und löst bei den Tauben bestimmte Reflexe aus.
Häufig hat man es schon erlebt, dass das fliegende Team sein Flugverhalten änderte, wenn man als Züchter in ihr Blickfeld kam. Man kann dann nur eins tun: allerschnellstens „Deckung“ aufsuchen, also zum Beispiel ins Haus zurückgehen, wo die Flieger einen nicht sehen können.

Vorteile der Dropper

Wer im Flugtaubensport einmal mit Droppern gearbeitet hat, wird sie nicht mehr missen wollen. Denn dadurch wird einem sehr viel Arbeit abgenommen. Man kann beispielsweise sonntags zum Sportplatz gehen und zuvor die Tauben starten, weil man sicher sein darf, dass die Tiere nicht eher anfliegen, als bis der Dropper gesetzt ist.
Auf einem ordentlich geführten Flugschlag sollten die wichtigen Locktauben nicht fehlen. Wir haben bei unseren Besuchen in Großbritannien Flugschläge gesehen, auf denen mehr Dropper als Flugtippler anzutreffen waren. Wenn ein Wettflug beispielsweise erst im Dunkeln endet und die Tiere eine kräftezehrende Leistung hinter sich gebracht haben, lassen sie sich von einem ganzen Rudel hungriger Locktauben mit ins Schlaginnere ziehen. Andernfalls würden sie möglicherweise erst noch sitzen bleiben wollen, um das Gefieder zu ordnen. Herumsitzende Tiere aber hat kein Flugtaubenmann gern.
Bewährt hat sich das Zwischenschalten von Droppertauben auch gerade bei der Arbeit mit Fliegern, die an Flugkästen gewöhnt werden. Flugexperimente mit Zirkusreife, wie sie seit mehr als 20 Jahren beispielsweise der Belgier R. Ockerman, Heusden, praktiziert, gelingen nur unter Zuhilfenahme von Lockern.

Das Abrichten von Locktauben ist wahrlich ein Zeichen von besonderem Können eines flugsportbetreibenden Taubenfreundes. Sind auch die jetzt bei uns längst gängig gewordenen Praktiken mit Droppertauben in dieser verfeinerten Form das

Resultat britischer Flugtipplersportler, so haben sich ähnliche Maßnahmen auch woanders herausgebildet. Auf den Amsterdamer Jagekästen etwa findet man traditionell den sogenannten „Brasser", das heißt eine angeleinte weiße Droppertaube von recht wuchtiger Gestalt.
In Großbritannien hat man über die Jahrzehnte hinweg regelrechte Dropper-Taubenstämme herangezüchtet. Es handelt sich dabei in der Regel um helle, zahme, intelligente Exemplare etwa in der Größe Deutscher-Modeneser-Tauben. Lässt ihr Züchter sie abends im Dunkeln in ihrer Droppfunktion „arbeiten", springt nicht selten ein kleiner Terrierhund herum, mit dem sie von klein auf vertraut sind. Er hält, das ist der Sinn der Sache, die Katzen der Nachbarschaft fern, welche die landewilligen Tauben leicht in Panik bringen können.

Vortrainingsfliegen der Jungtauben

Wenn die Jungtauben das Zusammenfliegen im Stich beherrschen, kann man daran gehen, mit ihnen die Trainingsflüge aufzunehmen. Nach Möglichkeit sollten die jungen Flugtauben gleichaltrig sein, damit ihre Leistung sich in gleichem Maße steigert. Gewöhnlich wechseln sie nun die Augenfarbe, sind unter den Flügeln gut zugewachsen und erwecken einen kraftvollen Eindruck. Zurückgebliebene, kranke Tauben werden sofort ausgemerzt. Sie hindern nur das Fliegen der guten Tiere.

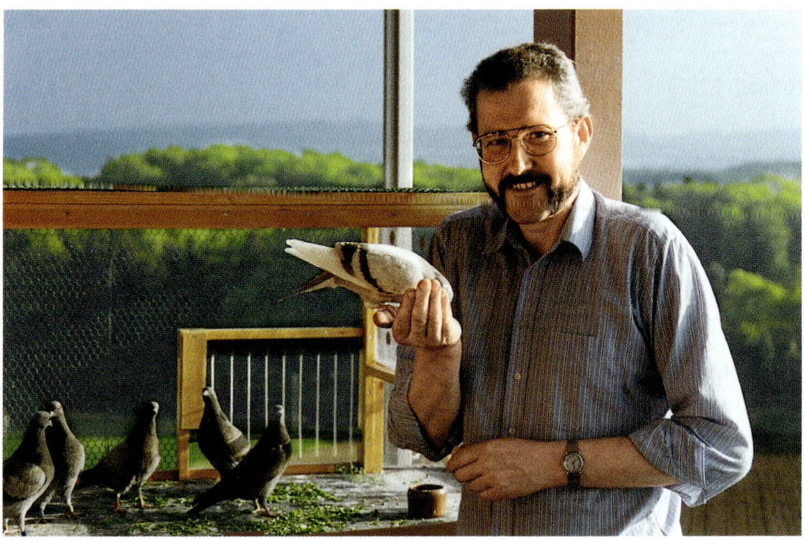

Bei W. Stettler in der Schweiz fliegen die Tippler vom Hausbalkon aus.

Aber auch unter den augenscheinlich guten Jungtauben befinden sich Versager, die es nun herauszufinden und abzusondern gilt.
Wiener Hochflieger, Rollertauben usw. werden fortan jeden Tag losgelassen. Die Auflasszeit sollte dabei stets pünktlich eingehalten werden. Wann der Start erfolgt, ist belanglos. Manche Sportler geben ihren Tauben in aller Herrgottsfrühe die Freiheit, andere wiederum starten sie mittags oder gegen Abend. Wichtig ist, dass außer den Fliegern keine Tauben sonst draußen auf dem Dach zu sehen sind.

Anfangs wird es noch nicht zu erhofften Spitzenflügen kommen. Das sollte man nicht zu tragisch nehmen. Denn es ist gut, wenn die Jungtauben erst einmal mit dem Umherziehen in der näheren und weiteren Umgebung beginnen. Man nennt das in Sportkreisen „streifen“. Dann finden sie sich später besser zurecht.
Die Flugzeiten werden sich ständig etwas steigern und zum Schluss bei 1,5 bis 2 Stunden liegen. Wir reichen den Tieren nur einmal täglich abends Futter, das aus einem Gemisch von Weizen, Wicken, Erbsen, Dari, Gerste und Hirse besteht. Jedem Tier wird dabei ein Quantum von gut einem Eierbecher voll Futter zugemessen. Das sind ungefähr 25 Gramm. Man sollte vor allem beherzigen, den Tieren lieber etwas zu wenig als zu viel zu geben. Es dürfen nie Körner liegen bleiben.
Völlig falsch wäre es, den Tieren, die zum Flug angesetzt werden sollen, kurz vorher noch Futter zu reichen in der irrigen Annahme, das verleihe ihnen zum Fliegen zusätzlich Kraft.
Während dieses Vortrainingsfliegens ist seitens des Züchters eine sorgfältige Beobachtung der Tauben in der Luft erforderlich. Jedes Tier, das nicht den fliegerischen Ansprüchen genügt, muss aus dem Stich entfernt werden. Vor allen Dingen bringen die langsam geschlechtlich reifenden Jungtäuber viel Unruhe in einen Stich. Sie beginnen zu „pauken“, wie man zu sagen pflegt, das heißt, sie versuchen mit klatschenden Flügelschlägen segelnd den Stich niedriger zu ziehen, um den Jungtäubinnen beim Fliegen den Hof machen zu können. Die Jungtäuber entnimmt man deshalb am besten sofort dem Stich.
Viele Züchter halten es auch so, dass sie dem Jungtaubenteam nach Beendigung des Streifens einige erprobte Alttäubinnen zugeben, die nun den Jungen erst einmal das Oberluftfliegen beibringen sollen. Das führt selbstverständlich oft schneller zum Erfolg, als wenn man die Jungtauben allein gewähren lässt. Ein guter Hochflieger lernt das Oberluftfliegen aber allein. Ein Futterwechsel sollte während dieses Vortrainingsfliegens nicht stattfinden, da sonst der Mauserablauf schneller in Gang gebracht werden könnte. Das muss aber vermieden werden.
Der Start hat nur bei einigermaßen gutem Flugwetter zu erfolgen. Wind und Regen verärgern die besten Hochflugtauben und können bewirken, dass die Tiere nie mehr in höchste Höhen steigen, wenn sie einmal infolge rauen Wetters schlechte Erfahrungen gemacht haben.

Hochflieger

Etwas verschieden von diesem Vortrainingsfliegen ist die Ausbildung der Hochdauerflieger. Diesen gibt man, nachdem sie das Stichfliegen beherrschen, nur noch jeden dritten Abend die Freiheit zu einem etwa drei- bis fünfstündigen Trainingsflug, der stets bis fast zur Dunkelheit währen sollte. Zu berücksichtigen ist dabei besonders, dass der Flug immer dadurch vom Züchter beendet wird, dass er die Locktauben nach draußen setzt, sie dort nach Futter jagen lässt und dadurch die Jungtauben zum Anfliegen bewegt. Nie dürfen die Tierchen ohne die Locktauben anfallen.

Gefüttert werden diese Tiere nur einmal abends mit je einem Eierbecher voll Braugerste. Wasser gibt es erst eine Stunde nach der Körnerfütterung. Zwischen dem Flugende und der Fütterung sollte stets eine Zeitspanne von mindestens einer Stunde liegen. Bewährt hat sich die Fütterung bei Lampenlicht. Diese Methode soll Folgendes bezwecken:

Die Tiere werden durch die ausschließliche Gerstenfütterung in schlechte Kondition gebracht, aber dennoch an jedem dritten Abend zu einem drei- bis fünfstündigen Flug, je nach Witterungsverhältnissen, angehalten. Ihnen wird daher von Jugend an beigebracht, dass sie trotz schlechter Kondition dennoch ausgezeichnete Leistungsflüge zu absolvieren haben, dass sie ohne Futter und Wasser den Tag über auszukommen und außerdem so lange bis gegen Abend zu fliegen haben, wenn der Züchter durch das Setzen der Locktauben ihnen das Zeichen zum Anfallen gibt. Das werden sich die Tiere einprägen und dann bei einem Wettflug zu großen Leistungen fähig sein.

Man hat darauf zu achten, dass sich die Tiere in ihrem Erscheinungsbild und in ihrem Flugstil in hohem Maße ähneln. Das bietet die beste Gewähr dafür, dass später ausgezeichnete Hochdauerflüge von ihnen gezeigt werden.

Rollertauben

Jungen Rollertauben gewährt man ein Training, das dem junger Hochflieger ähnelt. Alles soll auf gutes und abwechslungsreiches Luftrollen abgestellt sein. Übung macht den Meister, heißt es. Das gilt in hohem Maße auch für die Kunstflieger. Man schult sie am besten jeden Tag, wenn die Witterung es zulässt. Dann pendeln sich die nicht zu langen Flugzeiten von selbst auf ein verträgliches Pensum ein. Es hat sich bei uns durchweg so eingespielt, Roller nur in kleinen Flugformationen in die Luft zu schicken. In Großbritannien und Nordamerika zieht man große Pulks vor und ergötzt sich an den gemeinsam vorgeführten, fast zirzensischen Luftkunststückchen. Rollwettbewerbe lassen sich aber erfahrungsgemäß besser kontrollieren und begutachten, wenn nur Klein-Teams in Aktion sind.

Sturzflieger

Das Abrichten von Sturzfliegern erfordert tagtägliches Durchproben von Flugabläufen. Hier wird schon von alters her stets mit Locktauben recht intensiv gearbeitet. Mövchenartige Tauben finden dazu Verwendung. Solche vom Menschen dirigierte Kunstflieger abzurichten, stellt hohe Ansprüche an die Liebhaber des Sturzflugtaubensports, wie sie ja in Griechenland, der Türkei usw. zu Tausenden vorzufinden sind.

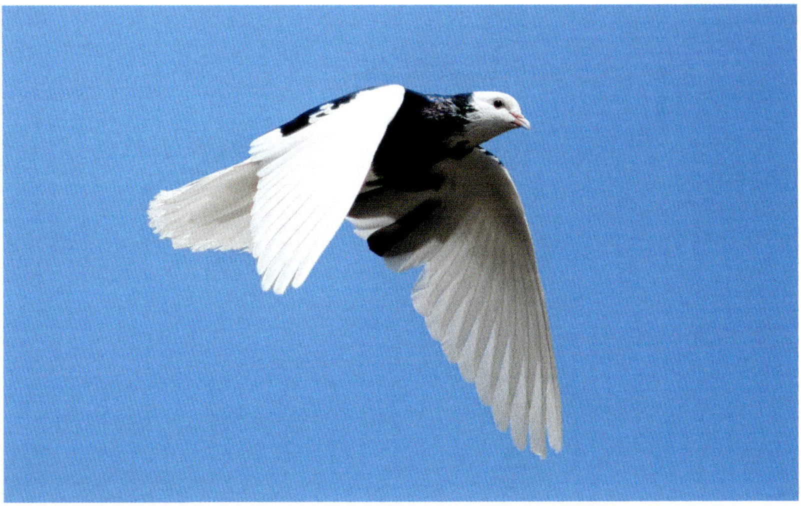

Eine Sturzflugtaube aus der Gruppe der Dunek

Spezialtraining zum Wettfliegen

Vorab muss man sagen, dass man nur dann mit einem erfolgreichen Wettflugausgang rechnen kann, wenn man weiß, dass die Jungtauben körperlich dazu in der Lage sind. Es kommt zwar häufig vor, dass selbst mit noch sehr jungen Flugtauben ausgezeichnete Leistungsflüge erzielt werden. Aber meistens werden dadurch die Tiere derart körperlich ruiniert, dass sie zeitlebens nicht mehr zu besonderen Leistungen fähig sind.
In einem Alter von 12 bis 16 Wochen erreichen unsere Jungtauben ihren ersten Leistungshöhepunkt und können dann zu Wettflügen angesetzt werden. Die allergünstigste Zeit ist die im Alter von 15 Wochen. Das hängt auch mit dem Mauserablauf zusammen. Ferner müssen die Tiere bereits das Truppfliegen perfekt beherrschen und auf den Dropper bestens eingespielt sein.

Sollten sich Tiere im Stich befinden, die beim Fliegen Fehler machen und diese wiederholen, so muss man sie sofort aus dem Flugteam herausnehmen. Denn leider erziehen die guten Tiere nicht die schlechten, sondern die Versager verderben die Guten mit. Im Folgenden werden einige der am häufigsten vorkommenden Fehler genannt, damit der Sportler den Mucken seiner Tiere gleich begegnen kann.

Demnach sind aus dem Flugbetrieb Tiere auszusondern, die ständig von der geschlossenen Formation der Fluggemeinschaft absprengen und dadurch alle Tauben in Verwirrung bringen. Dies sind meistens die Jungtäuber, die allmählich geschlechtsreif werden. Sie versuchen mit segelnden und klatschenden Flügelschlägen den Stich auseinanderzuziehen und zum Tieffliegen zu veranlassen. Ideal für den Hochflug sind darum in den meisten Fällen die Täubinnen – ob alt oder jung, das ist egal.

Des Weiteren sollte man Tiere, die nicht wie die anderen auf Höhe gehen und nicht die Flugdauer mithalten können, herausnehmen. Kranke und stark mausernde Tiere haben gleichfalls nichts im Flugteam zu suchen. Insbesondere sind solche Jungtauben dem Stich zu entnehmen, die nicht den Heimatschlag nach Flugbeendigung anfliegen und nicht auf den Dropper reagieren, sondern sich um nichts kümmern und sich woanders niederlassen. Solche Tauben bringen nur Ärger und sind zum Wettfliegen nicht mehr zu gebrauchen.

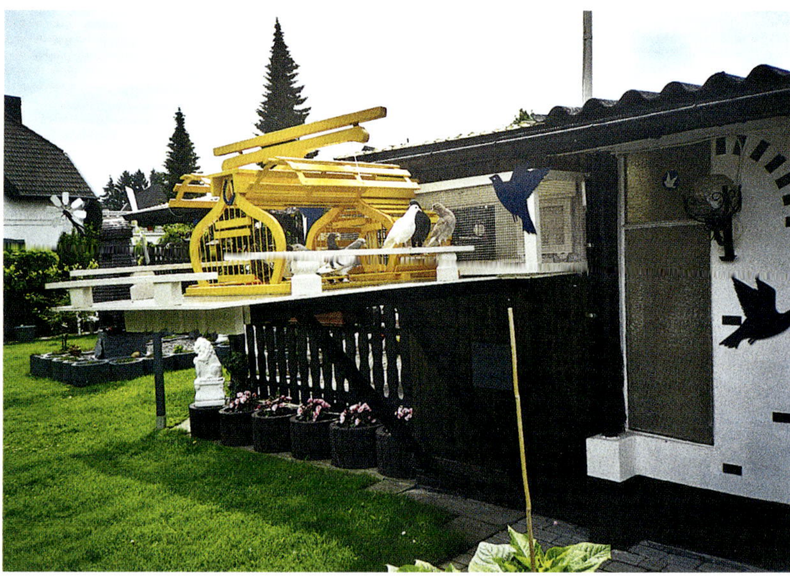

Eine Gartenfluganlage für Tippler und andere Hochflugrassen (D. Tödtemann, Asldorf)

Wir müssen also drei Wochen vor einem Wettflug zusehen, dass sämtliche Tauben des Flugstiches zuverlässig geschlossen im Trupp fliegen. Es kommt darauf an, die Tiere allesamt in eine mittelmäßige Kondition zu bringen. Mit anderen Worten: Wir müssen herausfinden, mit wie wenig Futter die Tiere dennoch eine gute Flugleistung zuwege bringen können. Um dies zu erreichen, bedient man sich am zweckmäßigsten der Gerstenfütterung. Gerste ist leicht verdaulich und macht die Tiere satt, aber nicht fett, sodass sie in einer mittelmäßigen Form bleiben.
Wir reichen den Tieren also jetzt nur noch täglich jeden Abend ungefähr je einen Eierbecher voll guter, dicker, stumpfer Braugerste. Die Fütterungszeit verlegt man am besten in den Spätabend, wenn es also bereits dunkel auf dem Schlag ist, sodass das elektrische Licht angemacht werden muss. Im Sommer ist das gegen 22:00 oder 23:00 Uhr. Tagsüber erhalten die Tiere kein Futter und auch kein Wasser. Denn sie sollen lernen, den ganzen Tag ohne Wasser und Futter auszukommen, weil sie dies möglicherweise auf einem Wettflug auch müssen.

Eine halbe Stunde nach der Gerstenfütterung wird den Tieren erst das Wasser vorgesetzt. Man lässt sie alle trinken und entnimmt das Wassergefäß dann wieder bis zum nächsten Abend. Futter darf nie liegen bleiben, man fegt es eben auf. Ich möchte hierzu jedoch vermerken, dass manche Tauben auf diese reine Gerstendiät schlecht anschlagen und überhaupt nicht fliegen wollen. Man geht in solchen Fällen dazu über, etwa zur Hälfte Gerste und zur Hälfte Weizen zu reichen. Der Fachmann kann natürlich auch irgendein anderes Futter geben, das vielleicht bessere Qualitäten als die Gerste aufweist. Dann aber ist zu berücksichtigen, dass die Futtermenge entsprechend gering gehalten sein muss, um denselben Effekt zu erzielen, nämlich die Tiere in mindere Kondition zu bringen. Am besten eignet sich jedoch hierzu erfahrungsgemäß die Gerste.

Auf diese Gerstendiät hin lässt man die Tiere nach Möglichkeit jeden dritten Abend ungefähr drei Stunden fliegen, gibt ihnen aber stets eine Stunde zu, um auch genügend Zeit zum Droppen zu haben. Sollen die Tiere folglich drei Stunden fliegen, so gibt man ihnen vier Stunden vor Anbruch der Dunkelheit die Freiheit. Man setzt aber nach drei Stunden Flug den oder die Dropper nach draußen, lässt sie nach Futter jagen und lockt so die fliegenden Tauben auf den Schlag. Sie sollen nie woanders anfliegen. Sie werden dann in den Schlag gelockt und darin eingesperrt. Eine Stunde danach reicht man Futter und Wasser.
Man sollte nicht den Fehler machen und die Tiere unmittelbar nach Beendigung des Fluges füttern. Unsere Flugtauben sind nämlich so schlau, dass sie dann von sich aus gern alsbald den Schlag anfliegen würden, weil sie Hunger haben und wissen, dass das Futter im Schlag für sie bereitsteht. Das dürfen sie aber ohne das Setzen des Droppers nie tun.

Wir wollen in diesen Vorflügen noch keine besonders hervorragenden Leistungen sehen, sondern die wünschen wir uns auf dem Wettflug selbst. Darum brauchen wir jetzt auch die Tauben noch nicht mit bestem Futter aufzufüttern. Für diese geringen Flugzeiten genügt eine mindere Kondition, erreicht durch ein mäßiges Futter, die Gerste.

Werden die Tiere nämlich nachher beim Wettflug frühmorgens gestartet, so sind sie zuvor mit auserlesenstem Futter in Form gebracht worden, können also die ersten Stunden aus diesen Reserven zehren und werden bestens fliegen. Sind dann aber diese Reserven abgeflogen, so wird es kritisch. Tauben, die nicht so wie hier vorbereitet worden sind, bauen in diesem Stadium ab und beenden den Flug – nicht dagegen die Tauben, die in ihrem Vortraining darauf gedrillt sind, selbst in schlechter Kondition dennoch drei und mehr Stunden weiterzufliegen und erst spät abends anzufallen, wenn der Züchter durch das Heraussetzen des Droppers das Zeichen dazu gibt. Sie werden folglich auf einem Wettflug auch noch einige Stunden länger aushalten und den anderen Tauben in der Preisliste das Nachsehen geben.

Diese Gerstendiät hält man 14 Tage durch, lässt – wie gesagt – die Tiere jeden dritten Abend darauf ungefähr drei Stunden fliegen und gibt ihnen als besondere Zuwendung an den Tagen, an denen sie geflogen sind, vor der Gerste je einen Teelöffel voll Kanariensaat, vielleicht auch andere Kleinsämereien, aber insbesondere solche, die nachher in der Spezialvorbereitungswoche zum Wettfliegen gereicht werden sollen. Denn wenn die Tauben diese Saaten nicht kennen, verweigern sie oft die Aufnahme und stellen den Züchter vor neue Schwierigkeiten.

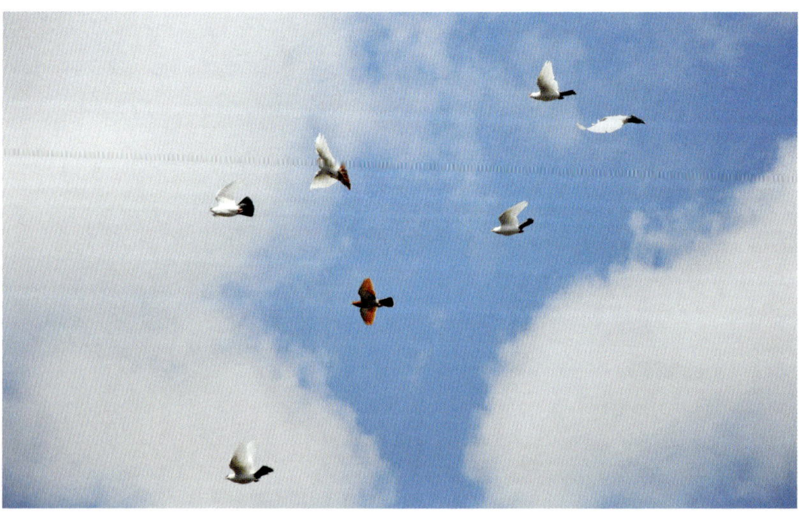

Vor dem Wettkampf müssen die Tiere eine gute Kondition bekommen.

Während der letzten drei Wochen vor einem Wettflug kann man auch die Jungtauben bereits in die Einzelboxen des Trainingsschlages setzen, obschon dies an sich bei Jungtauben noch nicht erforderlich ist. Mehr ist darüber im Kapitel über die Vorbereitung der Alttauben zum Wettfliegen zu lesen. Wenn die Tiere auf Gerstendiät stehen, müssen sie sich hart anfühlen, mager sein und leicht.
Es kann durchaus vorkommen, dass manche Tiere auf die Spezialbehandlung mit der Gerstenfütterung schlecht reagieren. Sie sollten dann zunächst genau beobachtet und bei mehrmaligen Fehlschlägen aus dem Team entfernt werden. Die harte Auslese ist äußerst wichtig.
Ein Anfänger insbesondere kann nichts Besseres tun, als seine Tiere immer wieder einer eingehenden Handkontrolle zu unterziehen, um ihren körperlichen Zustand festzustellen.
Wenn ich vorhin von schlechter Kondition gesprochen habe, so soll das nicht heißen, dass die Tiere lustlos und aufgeplustert im Schlag herumsitzen, sondern soll dies besagen, dass sie zwar gesund und temperamentvoll, aber nicht mit Muskeln noch und noch bepackt sind, um sich zu großen Flugleistungen ermutigt zu fühlen. Ihr Gefieder muss straff, ihr Kot fest und kalkig, ihr Auge strahlend, ihre Schnabelwarze weiß gepudert sein.

Hat man nun 14 Tage lang die Tiere jeden dritten Abend fliegen lassen und durch die Gerstenfütterung in die gleiche schlechte Kondition gebracht, dann können wir uns eine Woche vor dem Wettflug daranmachen, die Tiere durch eine Spezialfütterung in Form zu bringen, sodass sie am Flugtag alle in der gleichen Verfassung sind und bei günstigen Wetterbedingungen den Züchter durch eine besonders ausgezeichnete Flugleistung erfreuen.

In der letzten Woche vor dem Wettflugtag hängt die Behandlung von der Taubenrasse ab, mit der man zu fliegen gedenkt. Die meisten Tauben kommen in fünf bis sieben Tagen in Hochform, es gibt aber auch welche, die bereits in drei oder vier Tagen so weit sind. Ich will als Vorbild eine Rasse nehmen, die sich in fünf bis sieben Tagen in Spitzenkondition „frisst“, und zwar die meisten Typen der Flugtippler. Während der ersten Trainingsperiode ist es nötig, den Tieren ab und zu die Futtersorten und Kleinsämereien zu reichen, die wir ihnen auch in der letzten Woche vor dem Wettflugtag geben wollen. Die Tiere müssen die Saaten ja kennen, sonst nehmen sie sie gar nicht auf. Es gehört daher mit zur Vorbereitung, dass die Tiere auch das fressen, was ihnen vorgesetzt wird.
Gehen wir von der Gerstenfütterung zu anderem Futter über, so ist es ratsam, dem Trinkwasser eine Prise Karlsbader Salz (1 Teelöffel auf 0,75 l Wasser) zuzugeben, damit keine Magenverstimmung aufkommt und die letzten Reste der Gerste aus dem Körper verschwinden. Gewöhnlich ist das Futter im Taubenkörper 12 bis 14

Stunden nach der Aufnahme unterwegs, ehe es als Kot wieder ausgeschieden wird. Bei der ersten Abendfütterung geben wir zur Hälfte Gerste und zur Hälfte Weizen, und zwar nur so viel, dass der Kropf zu etwa 80 % gefüllt ist.
Die einfachste Methode, um zu wissen, wie viel Futter in einen Taubenkropf geht, ist folgende: Man lässt eine Taube sich satt fressen, nimmt sie dann in die Hand, legt ihren Kropf in die Handfläche und versucht, Form und Gewicht desselben festzustellen. Dann nimmt man ein Taschentuch, schüttet etwas Körner hinein, presst sie in dem Tuch zu einem Ballen und vergleicht seine Größe mit dem des Taubenkropfes.
Eine schneller zum Ziel führende Methode ist das in einem bestimmten Maß (Eierbecher) gereichte Futter, woran man sehen kann, wie viel eine Taube bis zur Sättigung aufnehmen kann. Am folgenden Tag untersucht man den Kropf der Tauben. Ist dieser leer, so ist alles in Ordnung. Wenn nicht, so gibt man etwas Futter, um bei dem betreffenden Tier das Durstgefühl zu wecken. Man lässt es dann etwas Wasser mit Karlsbader Salz trinken. Das wird helfen.
Kommt dies einmal vor, so bleiben die Tiere an jenem Tag im Schlag. Sind sie jedoch munter, dann lässt man sie abends drei bis vier Stunden fliegen. Nach dem Flug bleiben die Tiere zunächst ruhig im Schlag sitzen und man reicht ihnen erst nach mindestens einer Stunde Wartezeit je zur Hälfte australische Erbsen und Weizen, wieder bis zu einem Sättigungsgrad von 80 %. Es ist gut, dem Wasser auch nach dieser Mahlzeit eine Prise Karlsbader Salz zuzusetzen.

Am folgenden Tag verbleiben die Leistungstauben im Schlag und erhalten abends wieder je zur Hälfte australische Erbsen und Weizen, mindestens eine halbe Stunde danach Trinkwasser. Bei einer Handuntersuchung wird man bereits eine leichte Verbesserung ihres Körperzustandes bemerken. Man kann annehmen, dass die Tiere nun bereits so viel Energie gespeichert haben, dass sie sieben oder acht Stunden fliegen können. Man lässt sie also sechs Stunden vor dem Dunkelwerden frei, lässt sie fünf Stunden fliegen, droppt und lockt sie in den Schlag. Denn sämtliche Energie soll selbstverständlich noch nicht aus den Tieren herausgeholt werden. Danach untersucht man die Tauben wiederum. Sie dürfen im Körper keine großen Unterschiede voneinander zeigen. Ist dies bei einem Tier doch der Fall, so sondert man es ab.
Nach dieser Sortierung füttert man die Tiere je zur Hälfte mit australischen Erbsen und Kanariensaat ab, gut einen Kropf voll. Danach wird man bemerken, dass die Tiere schon sehr viel besser aussehen. Man untersucht sie nochmals und achtet darauf, dass die Muskulatur über dem Brustbein gut gewachsen, das Gefieder bestens bepudert ist und die Füße und Zehen ebenfalls wie gepudert erscheinen. Dies sind Gradmesser für die beginnende Konditionssteigerung, die sich jeder Sportler merken sollte.

Es verbleiben nur noch zwei Tage bis zum Wettflug und man sollte deshalb darauf bedacht sein, den Tieren Ruhe zu gönnen, indem man entweder den Schlag abdunkelt oder die Tiere in die mit einem Tuch verdunkelten Einzelboxen setzt. Abends reicht man ihnen wieder ein Futter, das je zur Hälfte aus australischen Erbsen und Kanariensaat besteht, danach klares Trinkwasser.
12 bis 14 Stunden vor dem offiziellen Wettfliegen erhalten die Tauben noch je zur Hälfte Perlmais und Kanariensaat zu fressen. Nach einer halben Stunde bekommen sie Wasser. Ungefähr vor dem Start kann man den Wettflugtauben nochmals Wasser vorsetzen, aber gewöhnlich trinken sie dann nicht mehr.
Nimmt man die Tiere jetzt in die Hand, so wird man, wenn sie richtig aufgebaut worden sind, feststellen können, dass sie insbesondere über dem Brustbein rund mit Muskulatur bepackt sind. Und dann kann das Wettfliegen unter Aufsicht der anwesenden Schiedsrichter pünktlich losgehen.

Nach dieser Vorbereitung können Jungtiere bei entsprechendem Vortraining und guten Wetterverhältnissen gut und gern um die 16 Stunden fliegen. Natürlich hängt dies weitgehend auch von dem Leistungsvermögen der Rasse ab, die man hält. Es gibt Hochflugtauben, die nur noch so wenig leistungsstark sind, dass selbst eine Spezialvorbereitung bei ihnen keine leistungssteigernde Wirkung mehr hat. Am ehesten lassen sich unsere ausgesprochenen Hochdauerflieger so aufbauen; aber auch Hochflugtauben, die gewöhnlich nur um die zwei Stunden fliegen, können auf diese Weise noch eine wesentliche Steigerung erfahren, wenn man die Flugdauer von vornherein entsprechend etwas zurücksteckt.
Nimmt man nach Beendigung des Wettfluges die Tiere wieder in die Hand, so wird man zu seiner großen Verblüffung bemerken, dass die Muskulatur über dem Brustbein abgeflogen ist. Nach einem Wettflug hält man die Tiere am besten mindestens eine Woche fest, ehe man wieder allmählich auf die Gerstenfütterung übergeht, diese wieder bis drei Wochen vor einem Wettflug ausschließlich vornimmt, die Tiere darauf jeden dritten Abend etwa drei Stunden fliegen lässt, sie eine Woche spezialfüttert und wiederum im Rahmen eines offiziellen Wettfluges gegen die Teams der anderen Züchter sich messen lässt.

Dieses Trainings- und Fütterungsschema ist nur eines von vielen, das sei eigens betont. Man kann beliebig die Futtersorten variieren, sollte sich jedoch im Prinzip wenigstens an diese Anleitungen halten. Denn sie haben sich in der Praxis seit vielen Jahrzehnten bestens bewährt.
Es werden nachfolgend noch verschiedene Trainings- und Fütterungsschemata angeboten, aus denen man sich vielleicht sein eigenes zusammenstellen kann. Fertige Rezepte kann man nicht geben, nur Anregungen dazu, wie sich jeder Züchter selbst für seine Tiere ein mehr oder weniger variables Schema erstellen kann.

Den Wettflugtauben soll man natürlich ihr Leben einigermaßen erträglich machen, indem man ihnen erlaubt, mindestens jede Woche einmal zu baden, genügend Grit, Rotstein, Taubenkuchen usw. aufzunehmen, und für ihre Sauberkeit sorgt. Wir müssen uns sehr viel mit ihnen befassen, um sie sehr zahm zu halten, damit sie sich ständig unter der Kontrolle ihres Züchters befinden. Man sollte den Tauben auch nie Mischfutter reichen, wenn sie sich im Training befinden, sondern die einzelnen Futtersorten getrennt geben.
So kompliziert auch dieses Spezialtraining aussieht, so denkbar einfach ist es im Prinzip. Wer es einige Male gehandhabt hat, braucht sich nachher sicher nicht mehr exakt an hier angegebene Einzelheiten zu halten, sondern er kann aufgrund des Körperzustands der Tauben, die er zum Wettflug trainiert, selbst die Futterzusammenstellung vornehmen. Es ist daher gut, wenn namentlich der Neuling in unserem Sport sich anfangs sehr viel hiermit befasst. Umso schneller wird er sich die nötige Routine aneignen, um im Hochflugtaubensport alsbald ein ernstes Wort mitreden zu können.

Warnen möchte ich vor Dopingmitteln! Auf Dauer gesehen wird man damit die Tauben körperlich ruinieren. Viele Kollegen vermuten immer wieder, dass besondere „Geheimmittelchen“ den Erfolg herbeiführen – das jedoch gehört in den Bereich der Fabel. Wir haben genügend natürliche Methoden zur Leistungsintensivierung. Bereitwillig geben Züchter darüber Auskunft. Die Zeit der Geheimniskrämerei sollte vorbei sein.
Viele werden nun der Ansicht sein, dieses Aufbau- und Fütterungsschema sei für „normale“ Leistungsvögel nicht gut zu gebrauchen. Tauben mit Einzelsaaten zu versorgen, passt manchen nicht. Natürlich kann man zum Formaufbau mit gutem Erfolg auch fertige Futtermischungen nehmen. Bewährt hat sich da beispielsweise das Verfüttern von Gemischen, die manche Futtermittelfirmen eigens für kurzschnäblige Taubenrassen auf den Markt bringen. Darin fehlt der Mais. Dies ist ein ausgezeichnetes Aufbaufutter.
Statt Gerstendiät habe ich auch bereits Hafer oder Haferflocken im Vortraining an meine Flugmannschaft verabreicht. Es gibt im Fachhandel auch spezielle Diät- und Säuberungsfuttergemische zu kaufen, in denen neben dem Hauptanteil Gerste auch etwas Weizen, Dari, Milo, Kardisaat usw. vorhanden sind. Die Hälfte hiervon und die andere Hälfte Gerste, das ist ebenfalls ein vorzügliches Vortrainingsfutter. Die Resultate waren die gleichen wie bei der Gerstenration.

Längere Flugzeiten sind bei zackigen Schwenkfliegern wie etwa Wienern gar nicht gern gesehen. Nahezu jede Flugtaubenrasse fliegt zu Beginn ihres Fluges ungestümer als nach einigen abgeflogenen Stunden. Intelligente Tauben mäßigen sich in der Wildheit ihrer Fliegerei und halten Maß mit ihren Kräften. Ehe also Wiener-

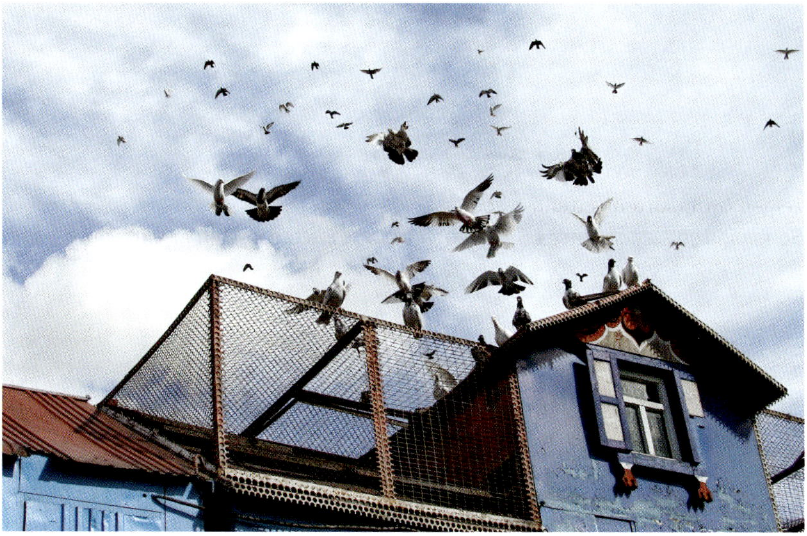

Ein typischer Schlag für Flugtauben in Sibirien

tauben mit ruhigem Dahinfliegen loslegen, sollte man sie wieder im Schlag haben. Hierüber wird in einem folgenden Kapitel noch gesprochen werden.

Wie soll man aber vorgehen, wenn man seine Tauben in Form gefüttert und entsprechend fliegerisch geschult hat und am Tag des vorgesehenen Wettfluges Schlechtwetter den Start unmöglich macht?

Kann man sie dann auch die nachfolgenden Tage nicht ausfliegen lassen, um ihre Kraftreserven abzuarbeiten, setzt man sie erneut auf rigorose Gerstendiät oder verabreicht doch zumindest ein Säuberungsgemisch aus Weizen, viel Gerste, Dari, Kardisaat oder Ähnlichem?

Leistungstauben ständig bei bestem Futter durchzuhalten und zu fliegen, verhindert einen gezielten Konditionsaufbau. Es kommt in etwa einem Lotteriespiel gleich und birgt auch Gefahren in sich. Fortwährende Hochform verleitet Flugtauben zu oft unberechenbaren Aktionen, etwa auch zum Abdrehen auf Nimmerwiedersehen.

Sonderbehandlung der Alttauben

Gewöhnlich findet Ende Oktober, oft auch schon sehr viel früher, die eigentliche Flugsaison ihren Abschluss. Das Wetter wird dann hierzulande derart schlecht, dass man gut daran tut, die Tiere festzuhalten. Denn gerade in den Herbst- und Wintermonaten kommen die jungen Flieger in prächtige Fluglaune. Sie fliegen und

fliegen, werden dabei aber häufig von Wetterunbilden überrascht, die zu großen Verlusten führen können. Legt man Wert auf seine guten Flugtauben, so sollte man sie den Winter über im Schlag festhalten. Niemand steht gern vor einem völligen Ruin seiner Sportzucht.
Viele unserer deutschen Flugtaubensportler kennen noch nicht das gesonderte Fliegen der Alttauben, obschon insbesondere diese sehr viel besser zu trainieren und auch leistungsstärker sind als die noch unreifen Jungtauben.
Man hält eigens für diese Alttierflüge, die von März bis in den Juni hinein währen, einige Tauben möglichst desselben Geschlechts zurück, die nicht zu Zuchtzwecken, sondern ausschließlich zum Fliegen verwendet werden sollen. Dies wird ja schon seit Langem von den Flugtippler-Leuten so gehandhabt.
Liebhaber anderer Rassen lassen auch Alttiere bis weit in das Jahr hinein wettfliegen. Manchmal mischt man auch Teams aus alten und jungen Fliegern. Leider wählen viele jedoch in der Zucht befindliche Alttauben zu dieser Aufgabe aus. Dass hierbei die ganz großen Erfolge ausbleiben müssen, kann man sich an den Fingern abzählen.
Wenn sich bei den Jungtauben die Täubinnen am besten zum Fliegen eignen, dann lässt sich von den Alttauben sagen, dass hierbei die Täuber zuverlässiger und risikoloser fliegen. Zwar zeigen die Alttäubinnen stilvollere Flüge als die Alttäuber; aber sie haben leider von Natur aus den „Fehler", gerade dann zur Eiablage zu schreiten, wenn man sie zum Wettfliegen in Kondition gebracht hat. Sie kommen dadurch natürlich völlig außer Form und mit einem Flugerfolg ist es vorbei.

Hat man im Sport etwas Erfahrung, so kann man selbstverständlich auch mit Täubinnen die Alttierflüge mitmachen. Man muss dann nur berücksichtigen, dass Täubinnen sehr viel schneller als Täuber in Form kommen. Sie brauchen meistens nur ungefähr drei Tage dazu. Deshalb tut man gut daran, nicht eher als drei Tage vor einem Wettflug zur Spezialfütterung überzugehen. Dann wird es bei den Täubinnen kaum zur Eiablage kommen.
Bei Täubern kann einem das nicht passieren, obwohl man auch mit deren geschlechtlichen Regungen sehr zu tun bekommen kann. Es ist darum im Gegensatz zu den Jungtauben bei ihnen nahezu unumgänglich, zur Boxeneinzelhaltung überzugehen.
Wer einen zahlenmäßig großen Taubenpulk fliegen lässt, hat den besonders dafür auserkorenen Altfliegern einen eigenen Kleinschlag zur Verfügung zu stellen. Hier müssen alle einen bequemen Sitzplatz vorfinden. Empfehlenswert sind zum Beispiel Platz sparende Sitzregale oder reihenweise angebrachte Sitzreiter.
Spätestens im Februar hat man die Alttauben in die Boxen einzusetzen, damit sie sich gut daran gewöhnen können. Die Boxenhaltung im Trainingsschlag bringt folgende Vorteile: Man kann den Tieren exakt das Futter abmessen, das ihnen zu-

kommen soll, ohne befürchten zu müssen, dass ein Tier mehr, das andere weniger aufnimmt; man kann die Tiere geschlechtlich ruhig halten, da sie sich ja nur während des Fluges zu sehen bekommen; man kann aufgrund der Kotablage den Gesundheitszustand jedes Tieres genau kontrollieren; die Tiere bleiben gut im Federwerk und können sich nicht durch Beißereien beschädigen; sie werden außerdem handzahm, lassen sich leicht körperlich zu Vergleichszwecken mit den anderen Flugtauben untersuchen und beobachten und man kann sie während der kurzen Sommernächte durch das Vorhängen eines Tuches oder Rollos vor die Boxen länger ruhen lassen.

Etwa fünf Wochen vor Ostern wird der Flugbetrieb wieder aufgenommen. Man gewöhnt die Tiere, die den Winter über ja festgesessen haben, genauso vorsichtig wieder ein wie die Jungtauben.
Man gibt also auch ihnen sehr hungrig einzeln die Freiheit und lockt sie dann nach einigen wenigen Runden mit dem bereitgehaltenen Dropper auf den Schlag zurück. Innerhalb kurzer Zeit werden die Tiere wieder wie gewohnt in schön geschlossener Formation zusammen fliegen.
Auch sie setzt man zweckmäßigerweise nur auf Gerstenfutter, doch wird man feststellen, dass Alttauben darauf oft noch beträchtlich länger fliegen können als Jungtauben. Es gibt Tiere, die auf Gerste jeden dritten Abend mühelos fünf bis sieben Stunden zu fliegen vermögen, ohne Ermüdungserscheinungen zu zeigen. Gerste gibt den Tieren das Gefühl der Sättigung, aber sie enthält nicht zu viel Energie gebende Stoffe, sodass die Tiere mager bleiben und keine überschüssige Kraft besitzen, um lang andauernde Extraflüge zu zeigen.

Das Vorbereitungs- und Spezialtraining gestaltet sich nicht anders als bei den Jungtauben auch. Nur muss man hier dafür sorgen, dass ein sehr strenges Kommando herrscht und die Tiere wissen, wer der „Chef" ist.
Nach Flugbeendigung werden alle Tiere wieder in die Boxen gesetzt. Sie verbleiben darin entweder bis zum nächsten Flug oder man gibt ihnen zum Fressen und Trinken am Abend die Freiheit, sodass sie alle zusammen die Mahlzeit einnehmen können. Große Fluggruppen kommen nach Absolvierung ihres Trainingsflugs in ihre kleine Abteilung und werden darin dann später versorgt.

Wer mit Locktauben arbeiten will, hat auch die entsprechende Anzahl an Droppern zur Hand zu haben. Vielfach nimmt man ganz einfach überzählige, nicht so flugfreudige Exemplare der eigenen Rasse, die sich zum Anlockvorgang gut eignen können. Normalerweise ziehen die Züchter, wenn sie etwa Täuber trainings- und wettfliegen lassen, Droppervögel den Weibchen vor, um sicherzugehen, dass die Tiere nicht zu balzen beginnen und allein schon dadurch den Flugbetrieb erheblich stören.

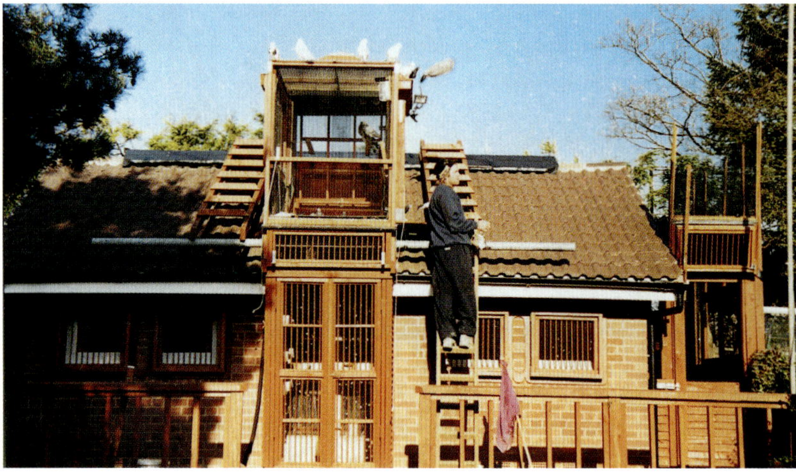

Eine typisch englische Fluganlage für Tippler (P. Moore, Kidlington/England)

Bewährt hat es sich trotzdem, als Dropper Pfautäubinnen zu nehmen. Darauf fallen die an sich sehr paarungslustigen Flugtäuber leicht herein und sind in Sekundenschnelle im Schlaginnern verschwunden. Im Kapitel über das Einspielen der Hochflugtauben auf Locktauben wurde darüber schon eingehend berichtet, sodass darauf verwiesen wird.

Die Boxen sollte man möglichst jeden Tag mit einer handlichen Spachtel säubern. Es gibt auch Boxen, deren Boden mit einem Drahtrost versehen ist, sodass der Kot durchfällt. Aber damit hat man keine Möglichkeit mehr, aufgrund der Kotablage Rückschlüsse auf den Gesundheitszustand der Tauben in den Boxen zu ziehen. Sie sind also nicht immer vorteilhaft. Inzwischen gibt es im Fachhandel Boxen (die an sich als Weibchen-Boxen für die Witwerschaftsmethode im Brieftaubensport gedacht sind), die unter den erwähnten Drahtrosten schiebbare Untersätze aufweisen, auf denen sich der Kot ansammelt.
Mehr noch als bei Jungtauben hat man ein besonderes Augenmerk auf die Qualität der Alttauben zu richten. Der Flugstich soll natürlich in jedem Fall aus Tieren bestehen, die infolge ihres ausgeglichenen Typs den gleichen Flugstil aufweisen. Deshalb sollte man nie verschiedene Flugtaubenrassen zusammen halten und in einem Stich fliegen lassen.

Jedes Tier des Flugstichs muss ein eng anliegendes, hartes, geschlossenes Federwerk besitzen, das den Schwanz und die Flügel dicht und geschlossen überdeckt. Den Flügel wünschen wir uns in einer Bogenlinie geschlossen, sehr elastisch, lang in den Hand- und breit in den Armschwingen. Die Brustpartie muss gut entwickelt sein, damit Herz und Lunge arbeiten können. Der Gesichtsausdruck hat intelligent zu sein, das Auge wach und aufmerksam. Eine gute Leistungstaube ist in allem harmonisch gebaut. Diese gewünschte Ausgeglichenheit erhalten wir am ehesten durch eine planvolle Verwandtschaftszucht. Nicht selten besteht ein gut getrimmter Flugstich nur aus Brüdern und Schwestern aus einem Zuchtpaar.

Selbstverständlich ist dann eine harte Auslese vorzunehmen. Nur die allerbesten Tiere dürfen zum Flug und zur Zucht angesetzt werden. Im Leistungstaubensport muss darum manch ein Züchter umlernen, der bisher nur mit Rassetauben zu tun hatte. Aber wenn man weiß, welches Ziel in der Rasse verfolgt wird, der man sich als Leistungstaubensportler verschrieben hat, kann man sich auch leicht darauf einstellen. Routine und „Fingerspitzengefühl" stellen sich in der Praxis von selbst ein. Bei Züchterbesuchen kann man hinzulernen, Fachartikel geben wertvolle Aufschlüsse, Referate auf Versammlungen vermitteln Wissen für die praktische Ausübung unseres Hobbys.

Wie auch auf anderen Gebieten hat man hier einfühlsam ans Werk zu gehen. Ich habe immer wieder erleben müssen, dass sich mir selbst nach nunmehr gut 50 Jahren im Flugtaubensport alljährlich Neues auftut, was mir bei meinen Flugtipplertauben bisher so noch nicht untergekommen ist. Eine solche Freizeitbeschäftigung wird also auch im Laufe der Jahrzehnte keine festgefahrene und deswegen langweilige Sache.

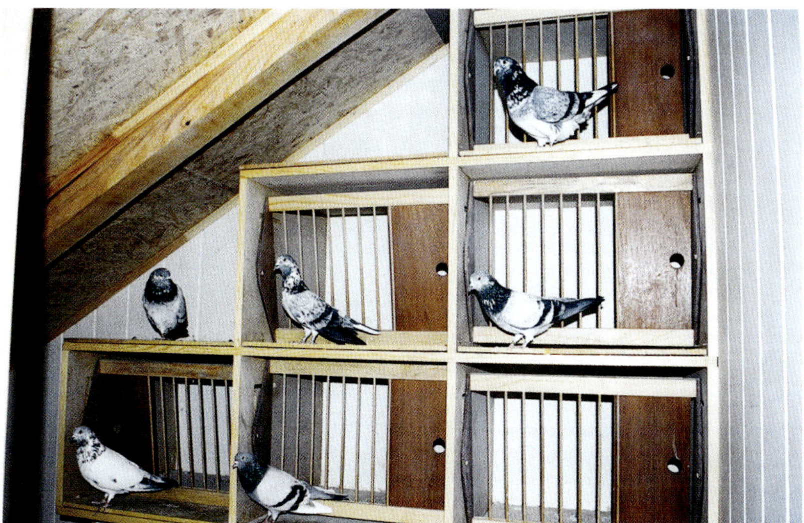

Einzelboxen für ein Täuberteam von sechs Flutipplern (Z. Sokcevic, Kroatien)

Nebenprodukte zur Leistungssteigerung

Ich habe die Spezialfütterung so behandelt, dass mit einfachen Mitteln dennoch ein größtmöglicher Erfolg erwartet werden kann. Es sei hierzu ergänzend vermerkt, dass manche Züchter sich zur Leistungssteigerung ihrer Flugtauben weiterer Hilfsmittel bedienen, so etwa des Dopings. Das ist die Verwendung von Reizmitteln zur Steigerung der Leistung insbesondere bei Wettflügen. Die Nachwirkungen des Dopings sind jedoch derart negativ, dass man nur jedem Züchter vom Arbeiten damit abraten kann. Verführerisch ist die Angebotsvielfalt an Aufputschmitteln oft recht dubiosen Inhalts. Es ist vielen Züchtern nicht auszureden, dass auch ohne Doping ausgezeichnet geflogen werden kann.

Anders ist es mit völlig einwandfreien, handelsüblichen, wissenschaftlich erprobten Leistungssteigerungsmitteln besonders für Flugtauben. Aber auch dies ist oft ein Gebiet, welches das Wissen des Züchters erheblich übersteigt, daher sollte man den Einsatz nach gründlicher Information genau abwägen. Weniger ist auch hier manchmal mehr.

Traubenzucker, auch in Verbindung als Elektrolyt, ist kein Doping- oder Geheimmittelchen, sondern ein hoch qualifizierter Nährstoff, und zwar nicht allein für uns Menschen, sondern auch für unsere Leistungstauben. Von den drei wichtigen Nährstoffen Kohlenhydrate (Stärke), Eiweiß und Fett sind die Kohlenhydrate für die zu leistende Muskelarbeit von entscheidender Bedeutung. Durch die Verfütterung von Mais, Weizen, Gerste, Milo usw. führen wir dem Taubenkörper Kohlenhydrate zu. Es ist aber erst ein langer Umsetzungsprozess nötig, ehe diese Stoffe in Form von Dextrose (Traubenzucker) durch die Darmwände ins Blut gelangen. Zur Gewinnung von Arbeitsenergien wird der Traubenzucker dann wieder verbraucht.

In den Trainings- und Fütterungsschemata habe ich eigens die Traubenzucker-Beifütterung erwähnt. Sehr einfach kann man Traubenzucker in Pulverform dem Trinkwasser zugeben. Hat man kurz vor einem Wettflug den Eindruck, dass die Tiere noch nicht in Form sind, so kann mit Traubenzucker nachgeholfen werden, ebenso nach einem Flug zur schnelleren Regeneration. Man macht dabei oft gute Erfahrungen.

Für große Ausdauerleistungen ist allerdings die Versorgung mit Fetten von größter Bedeutung, dies kann durch Versorgung mit fettreichen Saaten geschehen oder auch über Futteröle. Ebenso gibt es viele Kombinationspräparate aus Aminosäuren, Vitaminen, Eisen, Jod usw. Der Fachhandel für Brieftauben bietet hier eine schier unüberschaubare Palette an, wobei nicht bei allen Wirkstoffen die Wirkungsweise vollständig erforscht oder gar erwiesen ist.

Oft sind die Wirkungen nicht sicher voraussehbar. Man kann hier auch des Guten zu viel tun und statt des gewünschten Effekts tritt das Gegenteil ein: Die Tauben reagieren mit einem Leistungseinbruch oder drehen in Überform ab. Ein Zuviel

an Zusatzfutter belastet darüber hinaus den Stoffwechsel. Sicherer fährt man mit einem ausgeklügeltem Futtersystem und einer guten Vitamin- und Mineralstoffversorgung, auch frisches Grün- oder Keimfutter hat in aller Regel einen sanften positiven Effekt.
Über weitere Besonderheiten zum Flugtraining, vor allem über die Einzelbehandlung in Boxen sowie das sogenannte Nachtflugtraining, ist mehr im nachfolgenden Kapitel zu erfahren. Selbstverständlich lässt sich das, was darin für die Alttauben gesagt wird, genauso gut auf die Jungtauben anwenden. Es bestehen da keine großen Unterschiede.

Dunkelflüge und das Training

Sehr viele Sportfreunde behaupten, ihre Flugtauben seien zu irgendeinem Zeitpunkt einmal eine ganze Nacht durchgeflogen, nachdem sie sie abends nicht zum Anfallen bewegen konnten. Dieses Phänomen ist so alt wie der Flugtaubensport und es wird kaum einen Sportler unter uns geben, der nicht schon damit zu tun bekommen hat.
Entweder sind die Tauben in zu guter Fluglaune und gegen Abend noch nicht ausgeflogen oder man hat ihnen allzu spät die Freiheit zum Fliegen gegeben, sodass sie nicht wie gewohnt abends auf den Heimatschlag zurückkehrten, sondern ausblieben.
Man kann feststellen, dass selbst sonst ruhig fliegende Hochflieger in solchen Fällen mit fast vibrierendem Flügelschlag eulengleich in der aufkommenden Dunkelheit dahinhuschen und sich um nichts sonst als um das Fliegen zu kümmern scheinen. Hätte der Züchter die Tiere rechtzeitig auf Dropper eingespielt, so würde es sicher nicht zu solchen „Nachtflügen“ kommen.
Es ist die Frage, ob Tauben, die in die Nacht hineinzufliegen scheinen, wirklich bis zum nächsten Morgen durchhalten. Denn meistens sichtet man sie am nächsten Morgen wieder und kriegt sie auch auf den Schlag zurück.
Bei kurzen, mondhellen Sommernächten mag es sein, dass die Tauben die Nacht durchfliegen. In stockfinsteren Nächten jedoch muss eine solche Aussage ernstlich angezweifelt werden. Denn Taubenaugen sind im Dunkeln nicht in der Lage zu Wahrnehmungen, die ein Stichfliegen ermöglichen. Es wird demnach so sein, dass die Tiere in die aufkommende Nacht hineingeflogen sind, sich aber später irgendwo niedergelassen und sich am nächsten Morgen wieder zum Fliegen erhoben haben.

Man kann natürlich seine Flugtauben eigens auf das Fliegen in der Dämmerung – also nicht in der stockfinsteren Nacht! – trainieren. Dies ist besonders bei den Alttauben der Fall, aber auch schon bei den Jungtauben möglich.

Dazu wählt man aus einer Gruppe von Tieren die ruhigsten und zuverlässigsten Flieger aus und setzt sie vor Trainingsbeginn eine Woche lang tagsüber in den Gewöhnkasten auf dem Dach, bis es tiefdunkle Nacht geworden ist. Dann wird die Fluganlage innen und außen beleuchtet und man lockt die Tauben mithilfe der Dropper in den Schlag.
In der darauffolgenden Woche setzt man sie in der Dämmerung hungrig nach draußen und öffnet ihnen die Abflugklappe. Die Tiere werden nicht abfliegen, sondern auf dem Kasten sitzen bleiben und warten, bis der Züchter wiederum das Licht innen und außen anschaltet, die Dropper setzt und sie in den Schlag lockt.
Diese Methode soll bezwecken, dass die Tiere sich daran gewöhnen, ebenso in der Dämmerung auf den Dropper zu reagieren, auch wenn dies bei elektrischem Licht geschehen muss.
Nach diesen zwei Wochen beginnt nun das eigentliche Trainingsfliegen, indem man – wie bereits behandelt – die Tauben jeden dritten Abend ungefähr drei Stunden lang fliegen lässt. Bisher droppten wir die Tiere immer vor dem Dunkelwerden. Das ändert sich nun.
Denn jetzt lassen wir die Tiere in der Dämmerung weiterfliegen und beobachten sie dabei sehr genau. Sobald die Lichtverhältnisse ein Weiterfliegen nicht mehr rechtfertigen und die Tiere die ersten Anzeichen geben, dass sie sich niederlassen möchten, macht man draußen auf dem Gewöhnkasten Licht, setzt die Locktauben nach draußen und versucht die fliegenden Tauben herunterzubekommen. Es gehört natürlich sehr viel Geduld dazu. Man muss den Tieren beruhigend zusprechen und alle Handhabungen in großer Ruhe vornehmen.

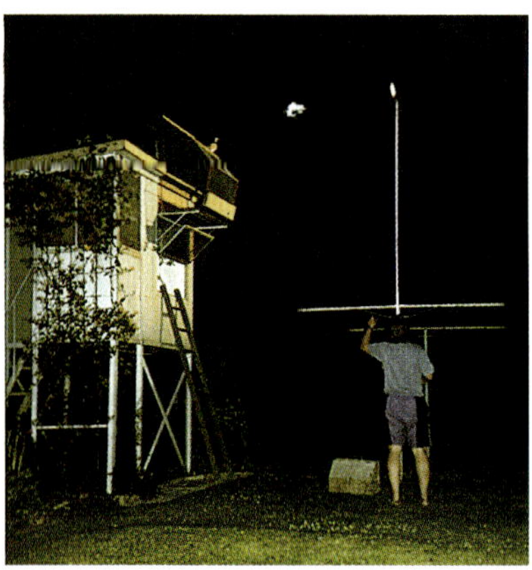
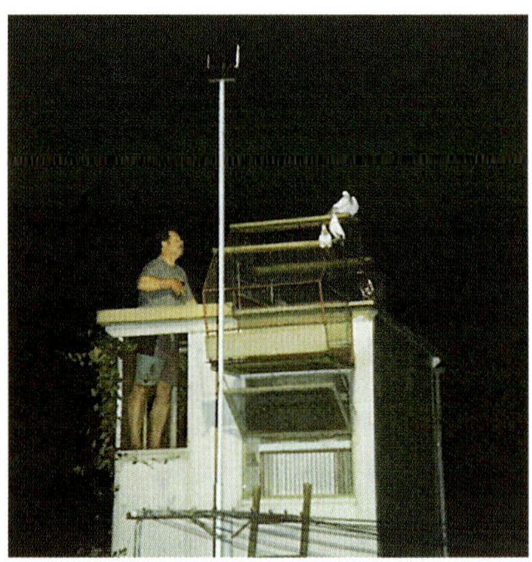

Landen im Dunkeln bei erleuchtetem Flugschlag nach einem Wettflug von 18 h 30 min (1995) bei I. Eichberg, Dassow. Hier wurden die Flugtippler aufs Dunkelfliegen abgerichtet.

Wichtig ist, dass man die so trainierten Tauben nicht einmal bei Tageslicht und ein andermal in der Dämmerung fliegen lässt. Man hat hier dann schon stets das Fliegen am Abend zu beenden.

Man kann dieses Training nur dann durchführen, wenn der Schlag frei liegt und den Tieren der erleuchtete Gewöhnkasten gut sichtbar gemacht werden kann. Vorteilhaft sind hell erleuchtete Straßenzüge in Schlagnähe. Die Tauben nutzen dies, fliegen darüber hinweg und orientieren sich danach. Am besten sind solche Tauben zu gebrauchen, die abends niedrig fliegen. Es gibt auch Typen, die gegen Abend himmelan steigen. Dass diese nicht für das Nachtflugtraining geeignet sind, versteht sich von selbst.
Nur der Fachmann sollte sich an dieses Spezialtraining heranwagen, sonst könnte es vorkommen, dass in den meisten Fällen die Tiere abends verfehlt werden und dann die besagten „Nachtflüge“ zustande kommen, die nicht selten einen bisher gut fliegenden Stich in seinen Leistungen vollständig verderben. Und das sollte man unter allen Umständen vermeiden.

Von entscheidender Bedeutung ist die Ausleuchtung des möglichst in hellen Farben gestrichenen Flugkastens. Die Beleuchtungskörper sollten so angebracht sein, dass sie von oben her die Anlage beleuchten. Andernfalls würden die Tauben beim Anflug zu stark geblendet. Dies wiederum würde bewirken, dass sie nervös aus dem Lichtkreis entfliegen, die anderen möglicherweise mit sich ziehend. In der Regel hat man in einem solchen Fall für diesen Abend das Team verspielt.
Wir haben sogar festgestellt, wie wichtig es ist, als Züchter beim abendlichen Droppvorgang immer gleiche Bekleidung zu tragen und nach Möglichkeit fremde Personen vom Schlag fernzuhalten, damit unerwünschte Reaktionen der Tauben unterbleiben. Sie sind äußerst sensible Wesen – der geringste Störfaktor kann sie negativ beeinflussen.
Nervöse Tiere werden so ein Training nie durchstehen können. Es hat sich durchgesetzt vornehmlich bei den ungemein ruhig und bedachtsam fliegenden Flugtippler-Marathonfliegern mit ihrem phänomenalen Aushaltevermögen im Nonstop-Fliegen. Die in diesem Buch niedergeschriebenen Rekorde bei dieser Rasse konnten nur erzielt werden, weil die betreffenden Wettflugteilnehmer ihre Teams auf das noch lange in die Dämmerung sich hineinziehende „dark flying“ (wie die britischen Züchterkollegen es nennen) trainiert haben. Rassen ähnlichen Flugstils, etwa der Memeler Tümmler, könnten gleichermaßen gut auf diesem Gebiet zurechtkommen. Doch verfügen diese nicht über die Dauerflugqualitäten wie der erwähnte Flugtippler moderner Prägung.
Es bedarf an sich keines Hinweises, dass bei Rassen, die in der Regel nur immer wenige Stunden ihre Runden ziehen, dieses Kapitel nicht zur Debatte stehen kann.

In den Tippler-Wettflug-Reglements ist genau bestimmt, wie bei solchen Flügen in die Dämmerung hinein vorzugehen ist: Die Tauben haben danach ohne Schlagbeleuchtung in die aufziehende Dunkelheit zu fliegen. Erst wenn eine Taube den Stich verlässt, hat der Wettflugteilnehmer unverzüglich die Fluganlage zu beleuchten. Der Schiedsrichter ist gehalten, die Zeit zu stoppen, sobald das Licht angeht, auch wenn die Tauben danach noch weiterfliegen sollten. Zum reglementgerechten Abschluss des Wettflugs wird dem Teilnehmer nunmehr eine Zeitstunde zugestanden, damit er alle am Wettstreit teilnehmenden Tiere ins Schlaginnere zur Ringkontrolle durch den Schiedsrichter bekommen kann. Misslingt dies, ist eine Disqualifikation auszusprechen.
Das kann natürlich eine sehr harte Maßnahme sein, bedenkt man etwa einen den ganzen Tag währenden, schönen Nonstop-Flug. Im Interesse der Verifikation aber ist diese Klausel angebracht.

Trainings- und Fütterungsschemata

Im Folgenden finden Sie einige Beispiele einer erfolgreichen Spezialfütterung vor dem Wettflug.

Trainingsschema I für Jungtauben
(auf Einzelsaat-Basis)

Zwei oder drei Wochen lang auf ausschließlich Gerste, jeden dritten Abend 3 bis 4 Stunden fliegen lassen. Danach:

1. Tag, abends:
$^{1}/_{2}$ Gerste, $^{1}/_{2}$ Weizen. Nach 1 Stunde Wasser mit Karlsbader Salz
2. Tag, abends:
$^{1}/_{2}$ Weizen, $^{1}/_{2}$ Kanariensaat. Nach 1 Stunde klares Wasser.
3. Tag, abends:
Gegen Abend 4 Stunden Flug. Eine Stunde danach:
$^{1}/_{2}$ Weizen, $^{1}/_{2}$ australische Erbsen. Nach 1 Stunde klares Wasser.
4. Tag, abends:
$^{1}/_{1}$ australische Erbsen. Nach 1 Stunde Wasser mit Traubenzucker.
5. Tag, abends:
Gegen Abend 6 Stunden Flug. Eine Stunde danach:
$^{1}/_{2}$ Weizen, $^{3}/_{4}$ australische Erbsen. Nach 1 Stunde Wasser mit Traubenzucker.
6. Tag, morgens:
2 Teelöffel Kanariensaat, danach klares Wasser.

abends:
$^{1}/_{4}$ Perlmais, $^{1}/_{4}$ Weizen, $^{1}/_{4}$ Leinsaat, $^{1}/_{4}$ australische Erbsen.
Nach 1 Stunde Wasser mit Traubenzucker.
7. Tag, morgens:
2 Teelöffel Kanariensaat, danach klares Wasser.
abends:
12 bis 14 Std. vor dem Start: $^{1}/_{2}$ Perlmais, $^{1}/_{2}$ Kanariensaat.
Nach 1 Stunde klares Wasser.
8. Tag, Wettflugtag:
1 Stunde vor dem Start klares Wasser.

Trainingsschema II für Jungtauben
(auf Mischfutter-Basis)

Bis eine Woche vor dem Wettflug das gleiche Vortraining wie in Trainingsschema I. Danach:

1. Tag, abends:
Diät- oder Säuberungsfutter (für Brieftauben). Nach 1 Stunde klares Wasser.
2. Tag, abends:
Mischfutter für kleinschnäblige Rassen (ohne Mais). Nach 1 Stunde klares Wasser.
3. bis 6. Tag, abends: Wie am 2. Abend.
7. Tag, abends (ca. 12 Stunden vor dem Start):
$^{1}/_{2}$ Kleinsämerei, $^{1}/_{2}$ Diät- oder Säuberungsfutter.
Nach 1 Stunde klares Wasser (stehen lassen bis zum Start).
8. Tag, Wettflugtag.

Anmerkung: Pro Taube rechnet man einen Eierbecher Futter täglich.

Trainingsschema III für Alttauben
(auf Einzelsaat-Basis)

Bis eine Woche vor dem Wettflug das gleiche Vortraining wie in Trainingsschema I. Danach:

1. Tag, abends:
Gegen Abend 4 Stunden Flug. 1 Stunde danach:
$^{1}/_{2}$ Gerste, $^{1}/_{2}$ Weizen. Nach 1 Stunde Wasser mit Karlsbader Salz.
2. Tag, morgens:
$^{1}/_{2}$ Graupen, danach klares Wasser.

abends:
$^1/_2$ Weizen, $^1/_2$ australische Erbsen. Nach 1 Stunde Wasser mit Traubenzucker.
3. Tag, abends:
Gegen Abend 5 Stunden Flug. 1 Stunde danach: Fütterung wie am 2. Tag.
4. Tag, morgens:
$^1/_4$ Graupen, $^1/_4$ Kanariensaat, danach klares Wasser.
abends:
Gegen Abend 6 Stunden Flug. 1 Stunde danach:
$^1/_1$ australische Erbsen. Nach 1 Stunde Wasser mit Traubenzucker.
5. Tag, morgens:
$^1/_4$ Weizen, $^1/_4$ Kanariensaat, danach klares Wasser.
abends:
$^1/_1$ australische Erbsen. Nach 1 Stunde klares Wasser.
6. Tag, morgens:
$^1/_2$ Kanariensaat, danach klares Wasser.
abends:
Kein Futter.
7. Tag, morgens:
$^1/_4$ Kanariensaat. Kein Wasser.
abends:
12 bis 14 Stunden vor dem Start: $^1/_2$ Perlmais, $^1/_4$ Weizen, $^1/_8$ Raps, $^1/_8$ Kanarinensaat. Nach 1 Stunde klares Wasser.
8. Tag, Wettflugtag:
2 Stunden vor dem Start: Ein wenig Kanariensaat und Weizen, insgesamt 2 Teelöffel voll. Nach 1 Stunde klares Wasser.

Trainingsschema IV für Alttauben
(auf Mischfutter-Basis)

Bis eine Woche vor dem Wettflug das gleiche Vortraining wie in Trainingsschema I. Danach:

1. Tag, abends:
Gegen Abend 5 und mehr Stunden Flug. Eine Stunde danach: Diät- oder Säuberungsfutter (für Brieftauben), etwas Kleinsämerei. Nach 1 Stunde klares Wasser.
2. Tag, abends:
Mischfutter mit hohem Hülsenfruchtanteil. Nach 1 Stunde klares Wasser.
3. bis 6. Tag, abends:
wie am 2. Abend.
7. Tag, abends (ca. 12 Stunden vor dem Start):

$^1/_2$ Kleinsämerei, $^1/_2$ Diät- oder Säuberungsfutter. Nach 1 Stunde klares Wasser (stehen lassen bis zum Start).
8. Tag, Wettflugtag.

Erklärungen zu den vorstehenden Trainingsschemata

- $^1/_2$ bedeutet ungefähr einen halben Kropf voll Futter; entsprechend $^1/_4$ usw.
- Das Trainingsfliegen hat stets gegen Abend zu erfolgen. Das Wetter gibt den Ausschlag, ob die Tauben 3 oder 5 Stunden fliegen gelassen werden.
- Jeder Flug soll durch das Setzen der Dropper beendet werden.
- Die Fütterung soll immer zur gleichen Zeit vorgenommen werden. Morgens etwa um 7 Uhr und abends um 22 oder 23 Uhr in der Dämmerung bei Licht.
- Das Futter besteht im Vortrainingsfliegen vorteilhaft ausschließlich aus Gerste oder einem handelsüblichen Diät- bzw. Säuberungsgemisch; nur an Flugtagen wird den Tauben abends vor der Gerste je ein Teelöffel voll Lein- oder Kanariensaat gereicht.
- Während des Vortrainings bekommen die Tiere nur einmal täglich abends Futter und Wasser.
- Dosierung von Karlsbader Salz in Wasser: ca. 1 Teelöffel Karlsbader Salz auf 0,75 l Wasser.
- Dosierung von Traubenzucker in Wasser: ca. 2 Esslöffel Traubenzucker auf 1 Liter Wasser.
- Regelmäßigkeit im Flugbetrieb ist oberstes Gebot.
- Dosierte Fütterung trägt zum Erfolg bei, im Zweifelsfall lieber knapp als zu stark füttern.

Taubenfutter sollte aus frischem Bestand sein und immer gut gelagert werden. Im Fachhandel sind besondere Silos erhältlich, die eine zweckmäßige Lagerung gewährleisten.
Die Futtermengen, die man zur Wettflugvorbereitung benötigt, sind indes nicht groß; man kann sie demnach immer frisch beim Futtermittelhändler einkaufen. Wichtig ist selbstverständlich, dass man in der Phase der Aufbaufütterung zum Wettflug nur solche Futtersorten reicht, die die Tauben zuvor schon kennengelernt haben. Größere Flugtaubenstiche kann man kaum separat füttern. Hier hat man sich die benötigte Futtermenge vorher auszurechnen, sollte sich aber auch da vor Überfütterung hüten. Es darf niemals Futter liegen bleiben.

Tauben sind recht unterschiedliche Fresser: Sie nehmen Futter langsam oder schnell auf und ziehen bestimmte Saaten anderen vor. Das kann zu Schwankungen in der Kondition führen. Einzelfütterung schließt derartige Unwägbarkeiten weitgehend aus.

Gerste als wertvolles Trainingsbasisfutter sollte auf keinem Leistungstaubenschlag fehlen. Für mich ist sie ein wichtiges Indiz, sozusagen auch ein Regulativ für den Futterzustand meiner Tiere. Bleibt nach einer Fütterung Gerste liegen, ist von mir zu viel gereicht worden. Beim nächsten Mal wird das Quantum dann geringer bemessen. Man muss das Gefühl haben, dass Leistungstauben selbst nach einer gerade vorgenommenen Fütterung immer noch etwas hungrig sind. In diesem Zustand hat man sie als Züchter in der Hand.
Die Wichtigkeit wohl überlegter Fütterung, was Quantität und Qualität anbetrifft, sollte jedem Flugtaubenmann stets vor Augen stehen.

Schulung auf Hochflug

Wenn auch britische Flugtaubensportler es waren, die für sich das Recht in Anspruch nehmen können, besonders ausgeklügelte Fütterungs- und Trainingsschemata entwickelt zu haben, so sind andere Züchtergruppen doch nicht untätig geblieben.
Für viele unserer Sportfreunde sind etwa die ungarischen Hochflugtaubenleute eine weitere Gilde vorbildlicher Experten.
Wie man in Ungarn zu guten Leistungsflügen kommt, soll hier einmal kurz erläutert werden: Spfr. Laszlo Pataki, Budapest, meint dazu, dass neben der wohl überlegten Anschaffung von gutem Ausgangsmaterial bei Züchtern, die erfolgreich an Wettflügen teilgenommen haben, der Futterfrage Beachtung zu schenken ist. Das Futter muss von allererster Qualität sein und gut gelagert werden. Als unerlässliche Ergänzung ist die Mineralien-Beifütterung wichtig, natürlich auch täglich frisches Wasser und wöchentlich ein Bad.

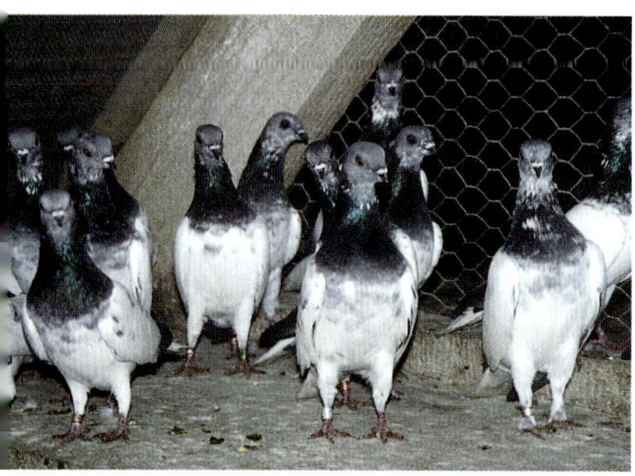

Budapester Hochflugtauben (J. Spanyiel, Ungarn)

Fünfzehn Tage vor dem Wettfliegen soll während der Brutzeit die Futterration für eine Taube im Brutschlag ungefähr 30 g betragen. Empfohlen wird eine Futtermischung von 30 % Hirse, 20 % Wicken, 20 % Mais, 10 % Weizen, 10 % Gerste und 10 % Erbsen.
Bei schönem Wetter erfolgt der erste Flug der Alttauben Anfang Mai. Man überlässt dann am besten die Tauben sich selbst. Fliegen sie ab, ist es gut. Tun sie es nicht, ist es auch nicht so tragisch. Diese Möglichkeit gewährt man den Tieren acht bis zehn Tage lang.

Hierauf beginnt das eigentliche Stichfliegen. Der Züchter setzt mit der Auslese der nicht besonders flugtauglichen Tauben ein. Bei annehmbarem Wetter gibt man dem Flugstich einmal täglich Freiflug, und zwar am besten in den frühen Morgenstunden. Von diesem Zeitpunkt an bis zum 15. Tag vor dem Wettflug sollen die dazu auserkorenen Alttauben nur ein Junges aufziehen.
Die Fütterung erfolgt vormittags etwa eine Stunde nach dem Anfliegen der Tauben und abends gegen 18 Uhr erneut. Am Vormittag wird knapp gefüttert. Am Abend gibt es so viel, bis die ersten Tiere an die Tränke gehen. Nichts darf liegen bleiben. Nach drei- bis vierwöchigem Training muss der Trupp gut zusammenhalten und eine ständige Leistungssteigerung zeigen, was Flugdauer und -höhe anbetrifft.

Das Fliegen in Flimmerhöhe kann man nur von solchen Hochflugtauben erwarten, die auch die Veranlagung dazu mitbekommen haben. Tiere, die zu früh den Stich verlassen und niederkommen, sind auszumerzen. Überernährte und zu schwache Tauben können nichts leisten. Stellt man bei einer Handuntersuchung fest, dass die Tauben zu fett geworden sind, startet man sie ausnahmsweise zwei- oder dreimal täglich, bis alles Fett abgeflogen ist. Zu schwache Tauben erhalten einen Tag Ruhe und werden jeweils nur jeden zweiten Tag gestartet. Wenn alle wieder gleichmäßig in der Kondition sind, ist dies gut.
15 Tage vor einem Preisfliegen müsste man seinen Trupp in gleichmäßiger Form haben. Alle Jungtauben haben aus den Nestern zu verschwinden. Denn mit fütternden Alttauben ist nichts zu gewinnen.
Das Futtergemisch besteht nunmehr aus 30 % Hirse, 30 % Wicken, 30 % Mais und 10 % Hanf oder süßem Raps.
Vor dem Fliegenlassen wird niemals gefüttert. Jungtauben gesellt man nur in Notfällen dem Alttaubenschwarm zu. Sie müssten dann aber mindestens zwölf Wochen alt sein!

Vor dem Tag des Wettfliegens hält man den Flugstich selbstverständlich fest. Ein Bad gewährt man den Tauben auch nur noch mindestens vier Tage vor diesem Flugtag, auf den alles ankommt. Wichtig am Wettflugtag sind natürlich gute atmosphärische Verhältnisse. Aber auch bei minder gutem Wetter fliegen so aufgebaute Tauben brillante Höhenflüge hoch in den Wolken des Sommerhimmels.
Die fliegerische Schulung der Hochflugtauben, wie sie seitens der ungarischen aber auch beispielsweise der Wiener Taubenfreunde gehandhabt wird, lässt etwas von der Präzision britischer Flugexperten vermissen. Mag sein, dass dies im Naturell des Südosteuropäers begründet liegt. Wie dem auch ist: Es kommen auch damit wundervolle Leistungsresultate zustande.
Vielleicht kann der eine oder andere hierzulande aus diesen Fütterungs- und Trainingskonzepten Nutzen ziehen.

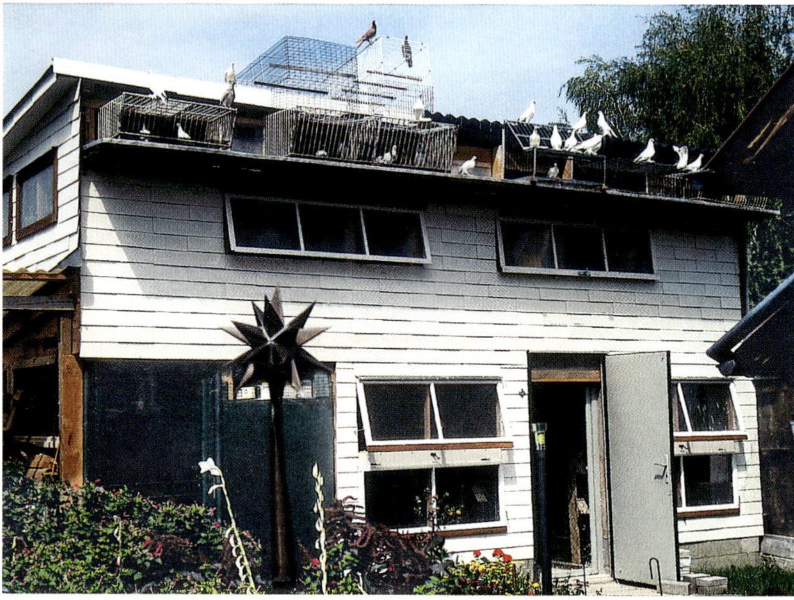

Eine aufwendige Gartenfluganlage für Wiener Hochflieger und Tippler (A. Ujj, Österreich)

Was nicht dick genug herausgestrichen werden kann, ist die Tatsache, dass man mit Alttauben die Wettflüge bestreitet. Gegenüber den Jungtauben bringen diese sehr viel Erfahrung und Können mit. Ihre Flugkapazität ist demzufolge auch besser als die von unreifen Jungvögeln. Wir wissen ja auch von den Flugtippler-Wettflugergebnissen, dass die Alttauben auf breiter Front mehr zuwege bringen als die nachgezüchteten Jungtiere.

So lange man bei uns noch immer so verfährt, dass man Jahr für Jahr neu die Junghochflieger der ersten und zweiten Hecke einfliegt und diese für die Hochflugwettbewerbe vorbereitet und allerhöchstens einmal ein paar Alttauben dazugibt, wird man vergebens den ausnehmend guten Leistungen der Hochflugtaubensportler aus Ungarn und Österreich nachrennen.

Diese anerkennenswerten Leistungshochflüge vollbringen allerdings Tauben, die ganz anders aussehen als die Wiener Tümmler, die wir augenblicklich auf unseren Ausstellungen vorfinden. Es sind schnittige, robuste Fliegergestalten, die sich äußerlich in nichts von manchen Flugtipplerstämmen unterscheiden, ohne dass hier, wie man mutmaßen könnte, Einkreuzungen vorgenommen sein müssen.

Die ständige Leistungsauslese auf Hochflugerfordernisse hin prägt den Phänotyp einer Taubenrasse. Sobald man das Pferd vom Schwanz her aufzäumen will, also

eine Musterbeschreibung schafft und darin vorschreibt, dass eine bestimmte Rasse so und so auszusehen hat, wird man bald feststellen, dass man in puncto Flugleistung Fehlschläge erlebt. Das rührt von der Vernachlässigung dieser Taube im Flug her.
Wohl bei allen Züchtungsversuchen der Taubenfreunde der Vorzeit, die besonders an gut fliegenden Tauben Gefallen fanden, hat zuerst der Prüfstein „Bewährung in der Luft“ gestanden. Was nicht den Vorstellungen im Fliegen entsprach, wurde aus dem Zuchtprozess entfernt. Allmählich bildeten sich Stämme heran, die aufgrund ihres besonders flugdienlichen Äußeren den Anforderungen ihrer Züchter standhalten konnten. Für uns Flugtaubenenthusiasten gilt es, diese altehrwürdigen Zuchtvorstellungen fortzuführen, um an der flugtechnischen Vervollkommnung mancher Leistungstaubenrassen zu feilen. Das bedeutet, dass wir die Flugdemonstrationen bei der Zuchtauslese nahezu ausschließlich heranziehen müssen. In Ungarn und Österreich hat man damit sehr gute Erfahrungen gemacht. In anderen Ländern, so auch bei uns, nicht minder.

Abdrehen von Flugtauben

Jahr für Jahr drehen Hunderte von Flugtauben ab. Viele werden sich unter diesem Spezialwort „abdrehen“ wenig vorstellen können. Deshalb soll eine kurze Erklärung dazu gegeben werden:
Kleine und große Trupps fliegerisch geschulter Leistungstauben scheinen in der Phase ihrer Höchstform einem eigenartigen Phänomen zu unterliegen. Denn nicht selten entfliegt zu diesem Zeitpunkt der gesamte Trupp, auch wenn er bestens eingeflogen ist und sich bisher immer als sehr zuverlässig fliegend erwiesen hat. Das ist natürlich eine ärgerliche Angelegenheit.
Es ist deshalb wünschenswert, über die Ursachen dieses Abdrehens Klarheit zu gewinnen, um rechtzeitig durch vorbeugende Maßnahmen Abhilfe schaffen zu können. Bisher ging man davon aus, dass ein Abdrehen durch äußere Einflüsse bedingt sei, beispielsweise durch Sonnenspiegelungen, ungünstige Wetterfronten, Greifvogelbelästigungen oder die allherbstlichen Vogelzüge. Das mag natürlich in Einzelfällen die Ursache des Abdrehens gewesen sein. Dem muss jedoch entgegengehalten werden, dass es dann doch höchst eigenartig ist, immer nur dann mit dem Abdrehen zu tun zu bekommen, wenn sich die Tauben in Hochform befinden. Das macht diese Theorie hinfällig.
Als andere Alternative verbleibt, die Ursachen des Abdrehens bei den Tauben selbst zu suchen. Und das ist die wahrscheinliche Lösung dieses Problems. Denn es fällt auf, dass besonders die kleinen, sensiblen Typen unter unseren Hochflugtauben von der „Abdreh-Krankheit“ befallen werden.

Man sollte demzufolge darauf achten, diese Tauben nicht noch sensibler und nervöser zu machen, als sie es schon sind. Die Fütterung als Leistungsbarometer will ebenfalls in solchen Fällen wohl überlegt sein.

Im Alter von acht bis 14 Wochen ist die gefährlichste Zeit, in der die meisten Teams abdrehen. Während dieser Zeit sollte man darum die Tauben nicht fortlaufend in Höchstform halten, indem man ihnen beispielsweise ständig gutes Mischfutter und regelmäßig Beigaben von Kleinsämereien verabreicht. Man sollte dann vielmehr ein gewöhnliches, leichtes Futtergemisch aus Gerste, Weizen und Milo zusammenstellen bzw. verfüttern sowie erst dann wieder zur Fütterung mit besserem Futter und Kleinsaat übergehen, wenn Höchstleistungen erwünscht oder gefordert sind, so besonders bei einem bevorstehenden Wettflug. Ist dieser aber vorüber, so hat man sofort wieder zu diesem leichten Futtergemisch zu greifen.
Nur durch eine genau überlegte, planvolle Fütterung kann man die ständige Höchstform unserer Hochflugtauben verhindern und damit dem Abdrehen weitgehend vorbeugen.
Interessante Aufschlüsse ergaben die Studien des Amerikaners Kowalski. Er hat herausgefunden, dass der Luftdruck oft in direktem Zusammenhang zum Abdrehen ganzer Hochflugstiche steht. Bei hohem Barometerstand ist die Gefahr groß, dass die Tiere himmelan steigen und in ungezügelter Fluglaune weitab vom Heimatschlag niedergehen.

Die meisten Flugtaubensportler ziehen ihren Tieren Namensringe auf. So können vielfach entflogene Tauben rückgeführt werden. 50 oder gar 100 km liegen die Fundstellen oft genug vom Heimatschlag entfernt.
Zu überlegen sind auch Erwägungen, wonach das Abdrehen mit dem Urinstinkt des Wandertriebs von Tauben in Zusammenhang steht. Überbelegte Schläge können Auslöser für dieses Triebverhalten sein. Zu warnen ist auch davor, abgedrehte Tiere, die einmal gemeldet worden sind und die man sich zurückgeholt hat, nachher in den Zuchtprozess zu geben. Man kann nicht sicher sein, ob sich diese unliebsame Eigenart nicht weitervererbt. So entflogenen Exemplaren gewährt man daheim nach der Wiederbeschaffung ein paar Tage Ruhe und kann sie dann wieder dem Fliegeschwarm beigeben.

Tauben mit besonderem Flugverhalten

Als Liebhaber von Tauben mit besonderen physiologischen fliegerischen Eigenschaften hat es mich schon immer unangenehm berührt, dass es bei uns einige Taubenrassen gibt, die sich einfach nicht in den bisher festgelegten größeren Taubengruppen als Rasse einordnen lassen. Zwar fliegen auch sie besonders eigenartig, sind jedoch nicht zu den eigentlichen Tümmlern oder Hochfliegern zu zählen. Da sie auch von den meisten Tauben-Fachschriftstellern nur am Rande behandelt werden, möchte ich sie den Lesern in diesem Buch, das ja der fliegerischen Seite unserer Taubenliebhaberei gewidmet ist, in einem Sonderkapitel vor Augen führen, damit vielleicht der eine oder andere auf sie aufmerksam wird, sie auf seinen Schlag nimmt und so mithilft, ihre fliegerischen Besonderheiten der Nachwelt zu erhalten.

Ringschlägertauben

Dass sie schon recht lange den Taubenzüchtern aufgrund ihres rassetypischen Flugstils bekannt sind, geht aus den ältesten und bekannten Taubenwerken hervor. Ringschlagtauben sind am unteren Lauf des Rheins besonders verbreitet gewesen, sind aber heutzutage in allen Teilen Deutschlands zu finden.

In Belgien existieren heutzutage noch die **Belgischen Ringschläger** und die sogenannten **Speelderken**, beide übrigens in der Zeichnung wie die Aachener Bandkröpfer, und die sogenannten **Smijter**, die einfarbig und wie die beiden anderen Spielarten mit einer Spitzkappe versehen sind. Sie waren einmal vorzügliche Ringschläger. Derzeit ist es mit ihrer fliegerischen Fertigkeit allerdings nicht mehr so gut bestellt wie in früheren Jahren. Allerdings bemühen sich Züchter um diese Rassen und es ist wieder ein deutlicher Aufwärtstrend erkennbar.

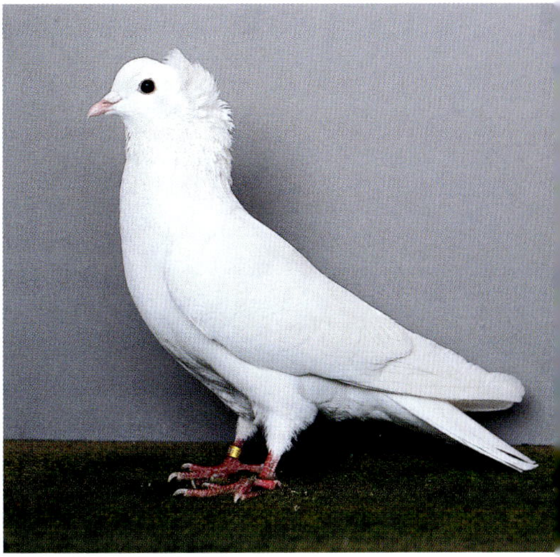

1,0 Anatolischer Ringschläger (G. Beyer, Bennewitz)

Es haben sich neu hinzugesellt die **Anatolischen Ringschläger** aus der Türkei.

Sie werden ebenfalls von einem Spezialverein betreut. Bei ihnen handelt es sich um Dreher par excellence. Sie stellen eine wertvolle Bereicherung dieser Taubengruppe dar. Man hat sich seitens des Clubs viel einfallen lassen. Der sonst bei Leistungstauben nicht zu akzeptierende Gedanke „Leistung und Schönheit“, mal als Schlagwort genannt, ist in die Tat umgesetzt worden. Wie es den Anschein hat, geschah dies mit gutem Erfolg. Wer es bei dieser Rasse zu Meisterehren bringen möchte, hat Tiere zu zeigen, die gute Ausstellungserfolge erbracht und zugleich ebenfalls Super-Drehleistungen beim offiziellen Wettdrehen jedes Jahr an den Tag gelegt haben.

Es werden in Deutschland wieder gut beschickte Wettbewerbe im Drehen dieser Vögel veranstaltet. Das Drehen ist ein herrlich anzusehendes Balzspiel, das der Täuber ausführt. Er hähert sich ruckernd der Täubin, fliegt mit klatschendem Flügelschlag vom Boden auf und umkreist seine dort sitzende Täubin ein- bis mehrfach in eng geflogenen Kreisen, die der Züchter „Ringe“ nennt. Davon ist auch der Name abgeleitet.
Eine vom Sonderverein herausgebrachte Wettdrehordnung regelt die Einzelheiten eines Wettbewerbs. Man gibt die am Wettstreit teilnehmenden Tauben paarweise in einen besonderen Drahtkäfig und notiert die in einem bestimmten Zeitraum zustande gekommene Leistung. Für einen einfachen Ring gibt es 2 Punkte, für $1\frac{1}{2}$ Ringe 3, für 2 Ringe 5, für $2\frac{1}{2}$ Ringe 7 und für 3 Ringe 9 Punkte. Jeder Täuber startet zweimal für eine jeweils zweiminütige Vorführung. In der ehemaligen DDR waren dies einmal 3 Minuten. Gute Tiere in Bestform können so über 50 oder gar 60 Punkte sammeln.
Bei den bisher durchgeführten Ringschlagwettbewerben wurde die Erfahrung gemacht, dass die ungewohnte Atmosphäre oft leistungsabträgliche Folgen ergibt. Man hat sich jedoch einiges einfallen lassen zum Beispiel hinsichtlich guter Ausleuchtung und griffigem Bodenbelag in den Wertungsvolieren.
Lange Zeit sah es so aus, als ob infolge abwegiger Selektion allein auf völlig belanglose Äußerlichkeiten hin das ras-

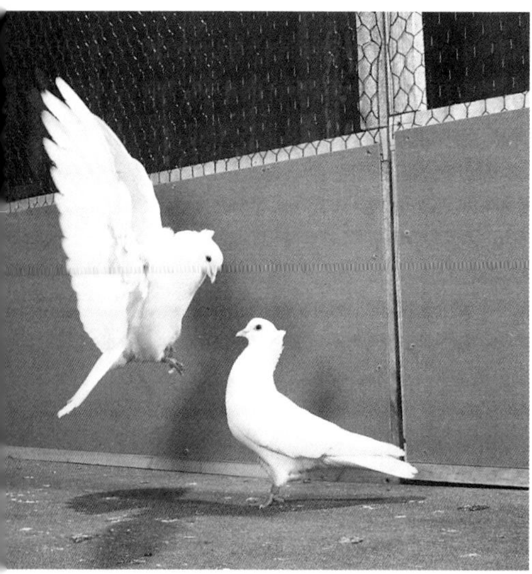

Anatolischer Ringschläger am Ende des Ringschlages vor dem Aufsetzen auf den Boden

seeigene Ringschlagen aus den Tauben verdrängt worden sei. Doch junge Züchter erinnerten sich an die herrlichen Balzflüge ihrer Rasse, um derentwillen man früher ja ausschließlich solche Tauben gehalten hatte. Somit hat sich bei dieser alten Rasse das Blatt zum Guten gewendet.

250 bis 300 Täuber treten beim alljährlichen Ringschlagwettbewerb, der im Februar abgehalten wird, zum Wettdrehen an. Den Titel „Deutscher Meister“ kann nur ein Züchter erreichen, der erfolgreich an den Schönheitswettbewerben und dem Leistungsmessen im Ringschlag teilgenommen hat. Diese Verbindung aus Leistung und Schönheit hat sich der Sonderverein auf seine Fahnen geschrieben.
Gute Leistungen auch auf diesem Gebiet bedürfen gezielter Vorbereitung. Dass solche Meisterdreher aus einer bewährten Leistungszucht zu sein haben und vor Vitalität nahezu überschäumen müssen, ist schon Voraussetzung.

Eine von mehreren mit Erfolg praktizierten Vorbereitungsmethoden ist folgende: Zehn Tage vor einem Ringschlagwettbewerb werden die Vögel in seitwärts verkleidete 40er-Käfige gesetzt. Es wird knapp gefüttert. Abends setzt man ihnen eine paarige Täubin vor die Käfige. Das stimuliert diese Täuber zu intensivem Balzen.
Etwa vom 5. Tag an werden die Männchen sodann einzeln aus den Zellen freigelassen. Sie fliegen mit Flügelklatschen auf die Täubin zu und zeigen alsbald ihr rassespezifisches Imponiergehabe. Sie fliegen klatschend einen oder mehrere Ringe über ihr oder um sie herum. Der Vogel darf darauf das Weibchen befliegen und wird dann in seinen Käfig zurückgesetzt.
Es ist nun nur noch eine Frage des Könnens des Züchters, das Letzte an Leistungsmöglichkeit aus seinen Drehtauben herauszulocken. Eine gut auf ihren Partner eingespielte Täubin ist sehr wichtig. Auch wird der zweckmäßigen Fütterung Bedeutung beigemessen. Nach etwa acht Tagen sparsamer Fütterung (oft mit Gerste) reicht man zwei Tage vor einem Wettkampf Kleinsämereien. Eine besondere Bindung zwischen Tier und Mensch ist unabdingbar, will man hier im Wettkampf erfolgreich sein.

Slenkentauben

Im deutsch-niederländischen Grenzgebiet und eigentlich nirgends sonst treten ganz besonders eigenartig sich verhaltende und fliegende Tauben auf. Es sind die sogenannten **Slenken**, von denen man zwei Rassen unterscheidet: den **Groninger** und den **Gelderländer Slenken**.
Ihr Name ist ein niederdeutscher Ausdruck für „schlenkern“. Sie fliegen nämlich nicht wie normale Tauben, sondern wellenförmig. Das will besagen, wenn sie zum

Beispiel vom Dach abfliegen, tun sie dies nicht in geradem Flug wie etwa eine Brieftaube, sondern schlenkern in Wellen von ungefähr einem halben Meter Durchmesser hernieder. Dieser Schlenkerflug ist durch den eigenartigen Körperbau bedingt. Slenken besitzen einen langen, nach hinten gedrückten Hals, der die ruckartigen Bewegungen beim Fliegen fördert.
Die Slenken sind an sich Soloflieger. Auch wenn einmal zur gleichen Zeit mehrere Tiere losfliegen, bewegt sich doch jedes Tier für sich in die Luft. Mit starkem Flügelklatschen, wobei die Flügel unter und über dem Körper zusammengeschlagen werden, nähern sie sich dem Erdboden, manche bis auf einen halben Meter. Dann steigen sie, wiederum laut klatschend, höher. Ihr Flug beschreibt einen Kreis. Nähern sie sich dem Schlag, machen sie lediglich noch einige klatschende Flügelbewegungen und segeln nun, ohne jeden weiteren Flügelschlag, mit aufgestellten Flügeln den Schlag oder Dachfirst an. Sehr gute Tiere vermögen so an die 100 Meter zu segeln.
Durch das kräftige Zusammenschlagen der Flügel unter dem Körper geht ein Ruck durch die fliegenden Vögel. Sie „springen“, wie ihre Züchter sagen. Das lang anhaltende Segeln mit hochgeklappten Flügeln nennt man im Fachjargon „schwimmen“.

Wenn Laien von Slenkentauben hören, meinen sie nicht selten, diese Tauben zeigten einen schlängelnden, völlig unkontrollierten Flug. Das ist keineswegs so. Alle ihre Bewegungen erfolgen immer von oben nach unten und niemals seitlich.
Unter ihnen gibt es wie bei sonstigen Leistungstaubenrassen gute und schlechte Flieger. Außerdem sind Training und fachgerechte Fütterung nötig, um sie zu besonders schönen Flügen anzuregen.
Selbst in etwas geräumigen Volieren zeigen sie ihr Gaukelspiel noch. Man hat auch – allerdings ohne den erwarteten Erfolg – versucht, mit ihnen in größeren Drahtkäfigen eine Art von Wettstreit aufzuziehen. Am liebsten bewegen sie sich immer noch frei in der Luft.
Eigenartig ist auch ihr Aussehen. Sie erinnern ein bisschen an nicht blasende Amsterdamer Kröpfer. Slenken sind schon immer wenig verbreitet gewesen, heute aber rar wie Gold geworden. Auch ihnen sollten wir mehr Beachtung schenken und uns an ihrem faszinierenden, einmaligen Flugspiel erfreuen.

Schnellflugtauben

Vornehmlich in den Großstädten, in denen Tümmler besonderen Anklang hatten finden können, gingen Züchter dazu über, ihre Tümmler wie Brieftauben auf Kurzstrecken zu trainieren – und dies mit guten Resultaten. In Deutschland nannte man diese „reisenden“ Tümmler Schnellflugtauben. Hamburg, Berlin, Köln usw. waren

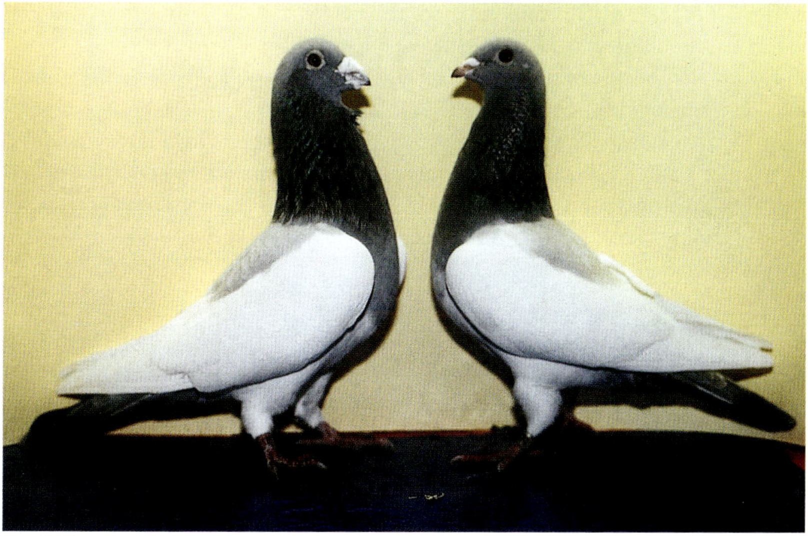

1,1 Kopenhagener Elstern des Schnellflugtaubentyps

Hochburgen dieser Liebhaberei. In Hamburg verwendete man hauptsächlich **Kopenhagener Elstern**, aber auch **Kalotten** und **Wiener Hochflieger**, gezüchtet in einem kräftigen Typ und als „Reise-Wiener" bezeichnet, in Berlin die **Berliner Langen Tümmler** (sie wurden dort auch „Brenner" genannt), in Köln die **Kölner Tümmler**, bei denen man noch heute von Kölner Brieftauben spricht. Die rein weißen Exemplare scheinen die meisten Freunde gefunden zu haben.
Aber auch im Ausland betreibt man mit Tümmlern den Streckenflug. So in Amsterdam mit den **Niederländischen Hochfliegern**, in New York mit den **„Flights"**, die von den Hannoverschen Tümmlern abstammen, in den USA gar mit **Birmingham Rollern** und **Tipplern**.

Unter den Verfechtern von Hochflugtauben gibt es nicht wenige, die diese Form der Sportausübung ablehnen, da sie argumentieren, ein Tümmler sei ein Hoch- und kein Streckenflieger. Streckenflieger sei ausschließlich die Brieftaube. Ein gesundes Maß an Orientierungsvermögen steckt noch in vielen heutigen Tümmlerstämmen. Tümmler waren es ja, die Pate standen, als die in Mitteleuropa jetzt beliebten Typen der Brieftauben geschaffen wurden.
Am längsten hat sich in Deutschland dieser Sport in Hamburg gehalten. Die Zeiten, als es dort gar einen gut organisierten Großverband gab, sind jedoch vorbei. Die traditionellen Elstern und Wiener Flugtauben gingen Ende der 1980er-Jahre dort von Kassel aus auf die Reise. Heute sind die Tauben allerdings bei den Züchtern

weiter beliebt und manch einer trainiert seine Tiere auch auf kürzeren Strecke privat um der Tradition und des eigenen Vergnügens willen.
In Köln halten noch einige wenige die **Weißen Kölner Reisetauben**, die zu dem lokalen Tümmler verwandtschaftliche Bindungen haben. In Mecklenburg-Vorpommern existieren noch fliegende Bestände der **Pommerschen Blaubunten Tümmler**. Ob es hier – wie es im dänischen Kopenhagen dankenswerterweise mit der dortigen Variante von Schnellflugtümmlern passiert – ein „Comeback“ geben wird, steht dahin. In Dänemark hat man diese „Kilker“, wie sie dort genannt werden, wiedererschaffen.

Der Reisetaubensport, wie er mit modernen, europäischen Brieftauben betrieben wird, hat eine enorme Entwicklung genommen. Das Reisewesen wurde zum Beispiel durch das elektronische Konstatieren besser als früher, aber auch kostspieliger. Das gilt gleichermaßen für die Tierzahlen, die man in die Kabinen-Expresse bei den Preistouren gibt. Der „kleine Mann“ wird da oft finanziell überfordert. Unter diesen Aspekten hätte der Schnellflugtaubensport mit seiner simplen Ausführung durchaus eine Chance, wieder mehr Anhänger zu finden.

Sturzflugtauben

Groß und von schlanker Gestalt sind die diversen Varianten von Sturzflugtauben, die aus der Türkei, aus Griechenland und dem Balkan hierher fanden. Mit ihnen wird ein faszinierender Flugsport betrieben. Einzeln oder in Gruppen lässt sie der Züchter aufsteigen, bis sie in der gewünschten Höhe am Himmel stehen. Sodann gibt er ihnen mittels einer auffälligen Taube oder auch durch ein anderes optisches oder akustisches Signal das Kommando zu einem waghalsigen Abwärtssausen im Sturzflug, wobei die Tauben sogar haarscharf an ihrem Züchter vorbei in die schmal bemessenen Kleinstschläge stürzen.

Diese „Stukas“ sind sehr zahm und ungemein dressierfähig und genügsam. Bei uns bekannt geworden sind sie in den 1980er-Jahren. Immer neue Rassen von ihnen sind bei uns aufgekreuzt. Man weiß mittlerweile, dass auch Tauben, die vom Äußeren her diesen Eindruck gar nicht hinterlassen, dennoch zu dieser Sturzflieger-Taubengruppe zählen wie etwa die recht wuchtigen **Adana-Wammentauben** aus der Südosttürkei.

Es sind eigenartige Flugtauben. Sehr gelehrig und dressierfähig können sie den Zuschauern eine wirklich perfekte Zirkus-Show bieten. Im Schlag oder auf dem Platz davor nehmen sie sich wie fluguntüchtige Tauben aus. Das ändert sich allerdings

schlagartig, wenn ihr Züchter mit den Dressurakten loslegt. Auf bestimmte Kommandos oder Zeichen mit einem Stock oder Ähnlichem fliegen sie auf und demonstrieren, was fliegerisch in ihnen steckt.
Sie zu schulen bedeutet natürlich, sich eingehend ständig mit ihnen zu befassen. Viele ihrer Liebhaber besitzen gleich Hunderte von ihnen. Man kann sich vorstellen, wie groß dabei der Arbeitsaufwand wird, allen eine fachgerechte Abrichtung angedeihen zu lassen.

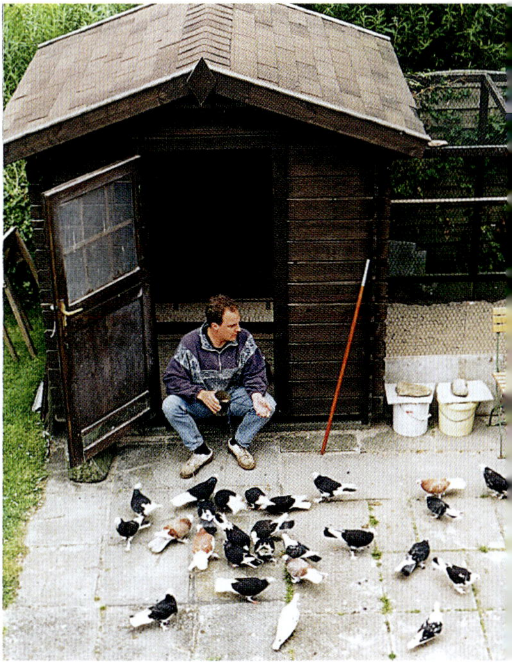

K. Jungnickel inmitten seiner Dunek-Sturzflieger und Griechischen Mövchen

Ebenfalls von großer Gestalt sind die **Wutas (Outzydika)** aus Griechenland. Sie werden in ihrer Heimat in größeren Trupps geflogen und mit einem Dropperschwarm, meist bestehend aus Mövchen, die in kleinen Kreisen eng um den Schlag fliegen, heruntergelockt. Dabei entwickeln die Tiere unglaubliche Sturz-Geschwindigkeiten und es entsteht durch das Gefiederrauschen eine beeindruckende Geräuschkulisse.
In ihrer Heimat ist neben den normal fliegenden Wutas eine Sonderform dieser Rasse immer beliebter, die sogenannten **Anevatores**. Diese steigen ähnlich den Nikolajewern im Rüttelflug auf, um dann, ebenfalls auf Signal hin, rasant herabzustürzen. Nur schwer lassen sich diese Sturzflieger in das sie einengende „Korsett“ einer Wettflug-Ordnung zwingen.

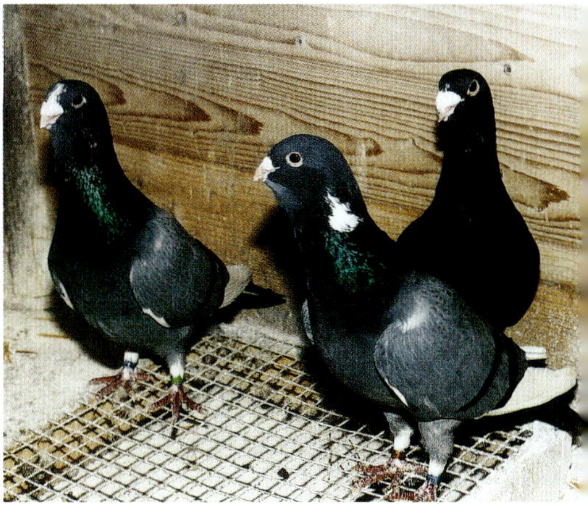

1,1 Kopenhagener Elstern des Schnellflugtaubentyps

In den Ursprungsländern konkurriert man mit ihnen untereinander nach festen, überlieferten Regeln. Schriftlich

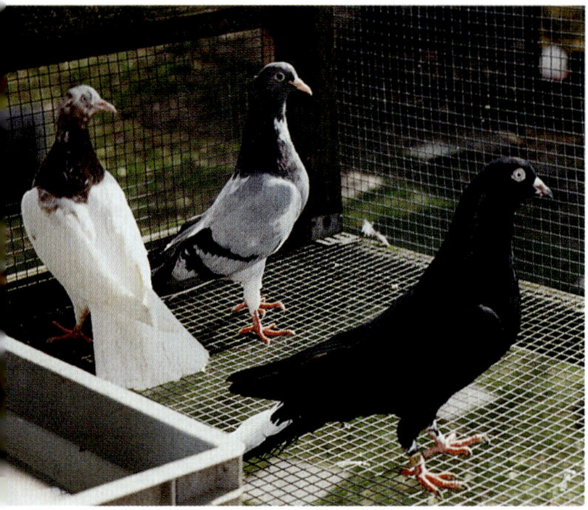

Typische Wuta-Sturzflugtauben (V. Cramer, Soest)

fixierte Bestimmungen gibt es aber nicht, man wählt ein Wertungskomitee und zieht von Züchter zu Züchter, um die Tauben im Flug zu begutachten. Dies ist natürlich nur bei einer entsprechenden Züchterdichte möglich, die wir in Mitteleuropa so nicht haben. Daher wählt man hier zum Vergleich eine Wertungsordnung, bei der schnelle, geradlinige und ununterbrochene Stürze aus größtmöglicher Höhe die meisten Punkte erbringen. Anders sieht es bei den ebenfalls rasant stürzenden Drehtauben aus. Sie benötigen keine sehr große Flughöhe; entscheidend sind die gezeigten Drehfiguren.

Bei der Rassegruppe der **Dunek** (je nach Herkunft auch Dönek, Dynek oder Dounekia genannt) fliegt man ein oder zwei Tiere, die nach dem Anlocken sich möglichst schnell im Sturz um ihre Längsachse drehen sollen, um dann vor den Füßen ihres

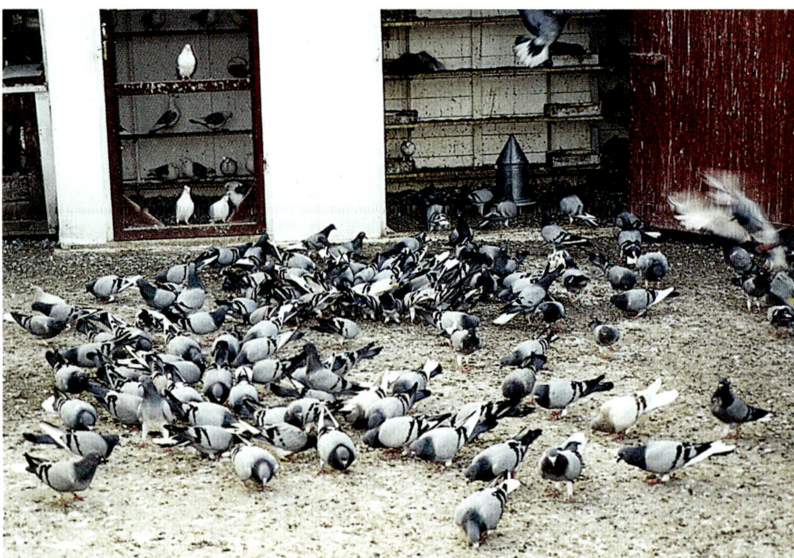

Flugstich griechischer Anevatoria-Sturzflieger

Züchters zu landen. Dabei gibt es etliche verschiedene Zuchtrichtungen und je Drehachse und Flügelhaltung entstehen dabei Drehfiguren, die einem Teller, Ball, Propeller usw. gleichen.

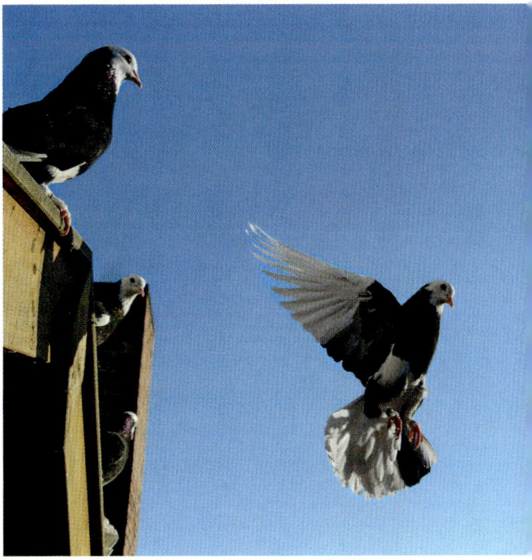

Dunek bei Kjell Jungnickel

Die türkischen **Kelebek**, zu deutsch Schmetterling, sind ebenfalls Drehtauben; diese haben ein faszinierendes Flugbild: Ein aufgelassener Schwarm wirbelt durcheinander, da jedes Tier im Trupp für sich fliegt und dabei unter Axialdrehungen oft die Richtung und in Spiralflügen die Höhe wechselt. Das Flugbild ähnelt einem tanzenden Mückenschwarm und am Ende des Fluges kommen die Tauben in verschiedensten Drehungen herab. Es existieren auch hier viele Zuchtrichtungen und regionale Schläge, die sich nach Geschmack der Züchter durch die eine oder andere Eigenschaft oder Zeichnung auszeichnen.

Neu dazugekommen ist bei uns eine Regionalrasse aus der Türkei, die **Dolapci**. Sie fliegen im lockeren Schwarm und würzen ihren Flug mit Sturzeinlagen mit starr ausgestellten Flügeln.

Die Flugzeiten aller Sturzflugtauben sind eher kurz gehalten, daher sind auch mehrere Starts an einem Tag möglich und auch die Regel. Gehalten werden sie in einfachen Gartenschlägen, ein- und ausgeflogen wird durch die Schlagtür. Wenn sie nicht fliegen, halten sie sich im Schlag oder gern auf dem Boden davor auf.

Brieftauben

Die beliebtesten Leistungstauben überhaupt sind die Brieftauben. In der Bundesrepublik gehören dem Verband allein fast 80.000 Züchter in unzähligen Lokalklubs an, die sich zu sogenannten Reisevereinigungen zusammengefunden haben. Im Sommer werden „Touren“ ausgeflogen. Durch moderne elektronische Zeitmessung werden heutzutage die Siegerlisten rasch erstellt. Das traditionelle Konstatieren mit Spezialuhren ist durchweg verschwunden. Gewöhnlich werden heute Tausende

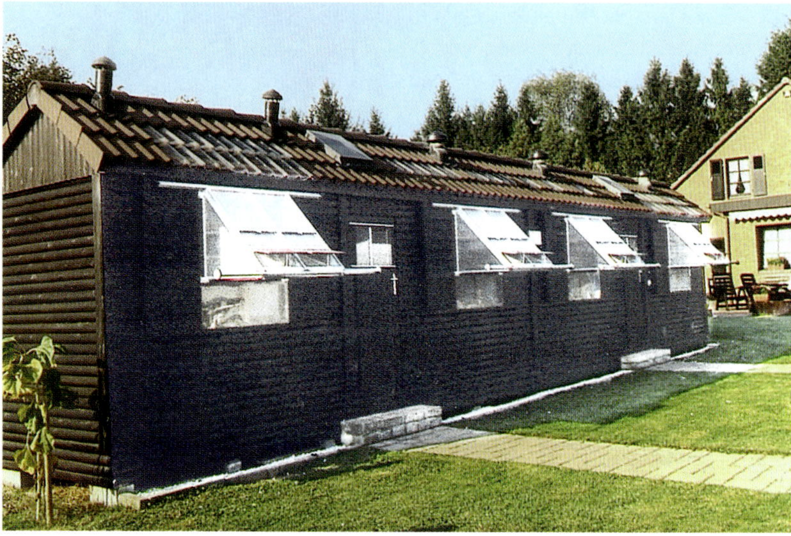

Ein Brieftaubenschlag mit sogenannten „Sputnik"-Einsprüngen

von Brieftauben mit modern ausgerüsteten Spezialtransportern – Kabinen-Expresse nennt man sie – zu den Auflassorten gefahren.
Attraktiv sind die internationalen Vergleichsflüge von Barcelona und anderen weit entfernten Städten. Unglaublich, was diese Tierchen da an Ausdauer, Intelligenz, Wagemut und Orientierungsgabe mitbringen müssen, um solche Entfernungen in relativ kurzer Zeit zu überbrücken. Brieftauben haben sogar im Kriegseinsatz gestanden. Die Schweiz hatte bis vor Kurzem noch Brieftauben in ihrem Heer. Das Ruhrrevier ist noch immer das Zentrum des deutschen Brieftaubensports.

Was Training, Zuchtauslese und Leistungsziel anbetrifft, sind Brieftaubensportler für alle Züchter anderer Leistungstaubenrassen gewiss vorbildlich. Sie verfolgen nur das eine Ziel: Flugleistung. Damit sind sie gut gefahren und haben Tauben erzüchten können, die das „Nonplusultra" an Leistungskapazität vorweisen können. Auf die für Brieftauben reichhaltige Spezialliteratur wird in diesem Zusammenhang verwiesen.

Diebeskröpfer

In Spanien, Portugal und deren überseeischen Kolonien sind die sogenannten „Diebeskröpfer“ weit verbreitet. Es sind Tauben mit einer Art Mövchenkopf und – was das Auffälligste ist – einem Hängekropf, der nicht wie sonst bei Kropftauben aufgeblasen wird, sondern schlaff wie ein Hautsack herunterhängt.
Aber nicht allein das zeichnet diese Tauben aus. Es ist vor allem ihre enorme Flugfähigkeit – eine Art Balzspiel auf Don-Juan-Art. Man hat besonders ausgeklügelte Flugschläge hergerichtet und betreibt von da aus ein für uns kurios anmutendes Taubenhobby:
Man fängt nach festem Reglement andere Diebeskröpfer, aber nicht so, wie es früher auch hierzulande bei den Haltern von Tümmlertauben in Mode war. Es werden nämlich Täuber und Täubinnen getrennt voneinander auf einen – nennen wir es – Wettflug vorbereitet, „scharf gemacht“, wie man in Züchterkreisen zu sagen pflegt. Es gilt dann, dass die separat aufgelassenen Täuber und Täubinnen zu fangen sind. Wer abends die meisten fremden Tauben überlistet hat (und das heißt was, da sie sich nicht so ohne Weiteres anlocken lassen), ist Sieger. Vielfach gibt man auch in einer ganzen Stadt eine Einzeltaube, die besonders gekennzeichnet wird, frei, und nun setzt der tagelang anhaltende Wettkampf der Züchter ein, gerade dieses Tier zu fangen.
Die Tauben, die man zu diesem Kampfsport benutzt, sind ungemein flugfreudige und kampflustige Vögel, die sich in den Lüften manchmal regelrechte Luftkämpfe liefern, dass die Federn fliegen. Meist siegen jene Tiere, die ein besonders ausgeprägtes Maß an Balzvermögen und Betörenmachen zeigen. Was manche nicht glauben wollen, aber Tatsache ist: In Den Haag und sonst nirgendwo in Westeuropa hat dieser südländische Sport eine erstaunliche Anzahl von Anhängern gefunden, die sich 1912 schon in einem Spezialverband „Tilduivenhoudersvereniging 1912“ zusammenschlossen und seither zu Hunderten nach einem minutiösen Reglement und von genau vorgeschriebenen Flugfangschlägen diesen, wie es niederländisch heißt, „Tilduivensport“ betreiben.

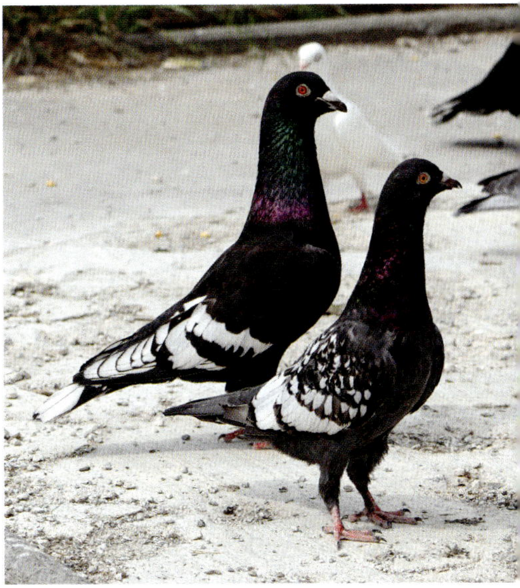

Libanontauben werden auch wegen ihrer Flugleistung gezüchtet.

Übrigens sind auch unsere regulären Kropftaubenrassen fliegerisch nicht gerade Waisenkinder. Ich erinnere an die Flugkünste der **Starwitzer Flügelsteller** und **Steigerkröpfer**, die heute noch in Tschechien und der Slowakei besonders daraufhin gezüchtet und trainiert werden, parallel dazu in Österreich die **Waldviertler Kröpfer**. In Schottland betreibt man mit **„Horseman"-Flugkröpfern** einen Fangsport wie in Den Haag.

Es gibt noch andere Taubenrassen mit Flugeigentümlichkeiten. Diese hier sind auch bei uns präsent und sollten uns veranlassen, sich mit ihnen zu befassen.

Es kann nicht ausbleiben, dass ständig Neuentdeckungen an Tauben mit eigentümlichem Verhalten zu konstatieren sind, wenn zum Beispiel ein Flugtaubenfreund irgendwo im Ausland Urlaub macht oder dort beruflich zu tun hat. In Saudi-Arabien traf man auf brieftaubenähnliche Kampftauben und seitwärts drehende Tümmler. In der Südosttürkei, dem Libanon und Syrien fliegt man große Schwärme aus Täubern der verschiedensten arabischen Taubenrassen zum Fangen fremder Tauben, wie einst hierzulande auch. In Peking fliegen die dortigen Tümmler mit kunstvoll geschnitzten Pfeifen, die man ihnen auf dem Schwanz befestigt. Wir sind da sicherlich noch nicht am Ende unseres Lateins angelangt.

Gesunderhaltung unserer Leistungstauben

Wer sich mit irgendeiner Leistungstaubenrasse wie hier beschrieben beschäftigt – oder vor hat, es zu tun –, der muss auf die Gesunderhaltung seiner Tiere ganz besonders achten. Denn kranke oder kränkelnde Tauben können selbstverständlich nicht die von ihnen erwartete Leistung erbringen.

Gerade zu diesem Thema gibt es auf dem Büchermarkt hinreichend Fachliteratur. Darauf möchte ich mit Nachdruck verweisen. Die Pharmaindustrie hat insbesondere für Tauben eine Vielzahl von Arzneien, die über versierte Tierärzte verordnet werden können. Es handelt sich dabei nicht um „Quacksalber"-Mittel von ehemals, deren Wirksamkeit gleich Null war, sondern zum Beispiel um hoch qualifizierte Antibiotika gegen alle gängigen Taubenkrankheiten wie etwa Trichomoniasis („Gelber Knopf" im Züchterjargon), Paratyphus, Kokzidiose usw.

Uns stehen auch Taubenfachtierärzte mit Rat und Tat zur Seite. In Essen/Ruhr hat der deutsche Brieftaubenverband gar eine eigene Taubenklinik errichtet, die – nebenbei erwähnt – auch für Nichtreisetauben offen steht. Vorbeugung heißt die Parole. Denn wenn erst einmal ein Bestand an Leistungstauben ernstlich erkrankt ist, kann alles schon zu spät sein. Persönlich halte ich nicht viel vom langwierigen Herumdoktern, da ich die Auffassung vertrete, dass athletisch gebaute Tiere wie unsere Flugtauben keine Krankheitsanfälligkeit vorweisen dürfen. Tauben, die sich in ihrem Element bewähren müssen und bei ihren Flugaktionen Wind und Wetter ausgesetzt sind, haben eben von recht robuster Natur zu sein. Auch da hat für uns die Auslese beizeiten einzusetzen, um zu gesunden Stämmen zu kommen.

Stallhygiene

Unsere Tiere leben in mehr oder weniger großen Gruppierungen auf einem Heimatschlag, der so gut wie keine Kontakte zu anderen Beständen hat. Infektionen, wie sie etwa durch das Zusammensitzen in Reisekörben bei Brieftauben oder anlässlich von Ausstellungen rasch auftreten können, sind demnach in unserem Sport nicht so an der Tagesordnung.

Das entbindet uns jedoch nicht von unserer Verpflichtung, ständig um die Ge-

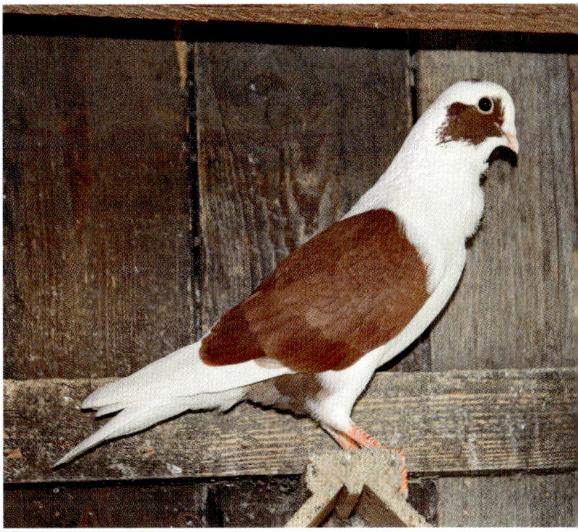

Stallhygiene ist wichtig. Hier sieht man den Flugtyp der Barbarisi-Mövchen.

sunderhaltung unserer Tiere bemüht zu sein. Es beginnt bereits bei der Hygiene in unseren Schlag- und Fluganlagen. Möglichst tägliches Reinigen der Schlagböden, Nist- und Bodenzellen usw. ist anzuraten. Ein ausgeklügeltes Belüftungssystem hat für eine gesunde Schlagatmosphäre zu sorgen. Der ungesunde Schlagstaub kommt nicht auf, wenn man einen modernen Hochleistungsstaubsauger verwendet.

Die Futtergefäße, Gritkästen und Wassertränken haben fortwährend sauber zu sein. Mindestens einmal pro Tag wird ein Wasserwechsel vorgenommen. Wöchentliche Bademöglichkeit dient dem Wohlbefinden der Tauben sehr. Dazu zählen auch eine ausgewogene Versorgung mit Futter und Beigaben an Mineralien und Spurenelementen über Taubensteine, Grit, Rotsteine und Ähnlichem. Wer nicht viel von der Verabreichung handelsüblicher Vitamine hält, sollte seinen Gefiederten unmittelbar vom Tisch der Natur all das vorsetzen, was Tauben brauchen: Miere, Schafgarbe, Salat, klein geschnittene Möhren, zerstoßene Eicheln während der Winterruhephase.
Wenn man seine Tauben auf diese Weise gut versorgt, wird man wenig mit Krankheiten bei ihnen zu tun bekommen.

Vorbeugen und Behandeln

Warnen möchte ich, gegen alles Mögliche (und Unmögliche) in Vorbeugeabsicht ohne jedweden Hinweis auf Vorhandensein von Krankheitssymptomen gleich die schwersten Geschütze aufzufahren, die da „Antibiotika“ heißen. Hier wird viel gesündigt. Denn es darf nicht ein „Je mehr, desto besser!“ zur Methode werden. Wir würden dadurch die Taubenorganismen nur unnötig ruinieren. Leistungsabfall wird die Folge sein. Und gerade das wollen wir ja unter allen Umständen verhindern.
Es bedarf auch keiner langwierigen Abhandlung, dass man als Züchter darauf zu achten hat, dass kein Ungeziefer am und um das Tier aufkommt. Wenn beispielsweise der Taubenbestand von Federlingen befallen und die Schlagumgebung von Zecken verseucht ist, so muss dies leistungsabträglich sein. Auch da gibt es im Fachhandel gewisse Gegenmittel, die rasch dem Übel zu Leibe rücken.
Pflicht muss es auch sein, entkräftete, rückgemeldete Exemplare bald wieder aufzupäppeln, so etwas kommt ja häufig vor. Hilfreich ist zunächst einmal, als Sofortmaßnahme eine Traubenzuckerlösung einzugeben, um nachher auf ein leichtes Diätfutter überzuwechseln, bis sich nach Erholung der Taube ein eiweißreiches Körnergemisch zum Verfüttern empfiehlt.

Die zunehmende Zahl der Greifvögel hierzulande bringt uns des Öfteren angeschlagene Tiere in den Schlag zurück. Sind die Verletzungen nicht zu groß, können wir versuchen, sie durch Alleinsetzen und pflegliches Behandeln auszukurieren. Andernfalls hat man sich von dem Tier zu trennen oder kann es eventuell noch später in der Zucht verwenden. Im Flugbetrieb hat es jedoch keinen Platz mehr.

Vorzusehen hat man sich auch bei Zukäufen von Tauben, insbesondere dann, wenn man den abgebenden Züchter und seine Schlagverhältnisse nicht kennt. Solche Neuerwerbungen setzt man erst einmal zu einer intensiven Beobachtung separat von den eigenen Tauben. Die Beschaffenheit des Kots kann uns wertvolle Aufschlüsse über den Gesundheitszustand des neuen Tieres geben. Nötigenfalls lässt man eine Kotuntersuchung vornehmen, um Gewissheit zu erhalten, dass keine Krankheiten eingeschleppt werden können.
Uns Flugtaubenleuten fliegen auch immer wieder zahlreiche Zuflüge auf unsere Schläge. Beim Training unserer Flieger schließen sich zum Beispiel herumirrende Brieftauben an, landen mit dem Team und kommen hernach mit ins Schlaginnere. Auch hier empfiehlt sich ein sofortiges Absondern vom Eigenbestand. Dass wir die zugeflogenen Fremdtauben unverzüglich dem rechtmäßigen Eigentümer melden, versteht sich von selbst. Wir erwarten dies ja umgekehrt auch von anderen bei unseren abgedrehten Tauben.
Tiere mit Aufputschmitteln (Doping) zu besonderen Leistungen anzustacheln, halte ich nicht für gut und rate davon unter allen Umständen ab. Man kann da manchmal nur mit dem Kopf schütteln, was sich in Züchterköpfen an Ungereimtheiten zusammengebraut hat und was sensible Taubenorganismen völlig zu ruinieren in der Lage ist. Wer auch nur ein wenig praktische Erfahrung im Leistungstaubensport hat, weiß genau, dass man bei natürlicher Haltung und Versorgung bereits zu phänomenalen Erfolgen kommen kann. Da braucht man nicht noch obendrein zu dubiosen Mitteln zu greifen. Ohnehin stehen uns Europäern derzeit Futtersorten und Beigabemöglichkeiten zur Verfügung, wie sie nie zuvor zur Hand waren. In den Herkunftsgebieten vieler unserer Leistungstaubenrassen bleiben selbst bei – gemessen an unseren Möglichkeiten – bescheidener Unterbringung und Versorgung der Flugtiere außergewöhnlich gute Ergebnisse nicht aus.

Häufen sich bei einem Züchter unserer Zunft die Krankheitsfälle im Bestand, sollte nach den Ursachen geforscht werden. Falsche Zuchtverfahren etwa können Inzuchtdepressionen im Gefolge haben. Da werden Nachzuchttauben kleiner, nervöser, anfälliger als ihre Vorgänger. Kurzum: Es mangelt an Vitalität bei ihnen. Einkreuzungen vermögen aus so einer Misere herauszuhelfen. Überhaupt ist auf diesem Gebiet der gesunde Züchterverstand gefragt. Vieles lässt sich positiv beheben, wenn man sich der Verantwortung bewusst ist, die man als Verfechter der Flugtaubenliebhaberei gegenüber seinen anvertrauten Geschöpfen, den Leistungsfliegern, hat.

Anhang

Organisationen für Leistungstauben in Deutschland

In diesem Buch konnte lediglich ein bescheidener Abriss über Themen aus dem Bereich des Leistungstaubensports gegeben werden. Es bestehen Vereine und Verbände, welche über die speziellen Taubenrassen detaillierte Tipps erteilen können; die meisten bringen informative Rundschreiben und Vereinszeitschriften heraus. Unsere Fachzeitschriften tragen ebenfalls dazu bei, Themen aus dem Flugtaubenwesen an die Interessenten heranzutragen. Beispielsweise bietet auch die „Geflügel-Zeitung" und die „Geflügel-Börse" die Möglichkeit für unsere Flugtaubenvereinigungen, mit ihren vielfältigen Aktionen an die breite Züchteröffentlichkeit zu treten.

Folgende überregionale Organisationen stehen für den Liebhaber solcher Tauben bereit:

- Deutscher Flugroller-Club (DFC)
- Deutsche Flugtippler-Union (DFU)
- Deutscher Hochflug-Club (DHC)
- Verein Nikolajewer Hochflieger (VNH)
- Deutscher Bodenpurzler-Club (DBC)
- Verein der Asiatischen Klatschtümmler (VAK)
- Verein für Hochflug- und Rollertaubensport (VFHR)

Sparten für Mitglieder aus dem Bereich der Leistungstauben haben:

- SV d.Z. Wiener und Budapester Tümmler
- SV d.Z. Danziger Hochflieger
- Klub der Züchter des Memeler Hochfliegers
- SV d.Z. Stralsunder Hochflieger
- SV d.Z. von Ringschlägertauben
- SV d.Z. Hannoverscher Tümmler
- Lausitzer Elsterpurzler Club

Regionale Organisationen für Leistungstaubenfreunde:

- Flugtauben-Verein Niedersachsen (FVN)
- Flugtaubenfreunde Lahntal (FFL)
- Thüringer Hochflugtauben-Club
- Flugtaubenverein Mitteldeutschland (FVMD)

Die jeweiligen Kontaktadressen sind alle abrufbar – vor allem dank Internet. Regionale Untergruppen vorgenannter Vereinigungen sind empfehlenswerte Anlaufstellen zum Beispiel für neue Züchter.
In solchen Gruppierungen ist der Erfahrungs- und Meinungsaustausch immer noch am besten möglich. Mittlerweile ist ganz Deutschland mit einem lückenlosen Netz von Vereinigungen überzogen, die sich mit irgendeiner Form des Leistungstaubenwesens befassen.
Darüber hinaus sollte unser Blick in einem vereinten Europa auch den ausländischen Brudervereinen und -verbänden gelten, die gleichermaßen Aktivitäten in Sachen Fliegerei mit Tauben entwickeln. Auch an diese ausländischen Verbindungsadressen ist leicht heranzukommen, zumal hier schon seit Langem über Grenzen hinweg zusammengearbeitet wird.
Gute nachbarliche Verbindungen sind unserem gemeinsamen Hobby, dem Leistungstaubensport, sehr dienlich. Und so werden denn heutzutage Verbindungen zu entsprechenden Organisationen intensiviert wie in England, Wales, Irland, Dänemark, Norwegen, Schweden, Holland, Belgien, Frankreich, Schweiz, Polen, Slowakei, Tschechien, Ungarn, Ex-Jugoslawien, Rumänien und Bulgarien, USA, Kanada, Indien, Pakistan, Iran usw., wo es beachtliche Aktivitäten der Flugtaubenliebhaber gibt. Auch die „Welt der Flugtauben“ ist klein und überschaubar geworden. Gott sei Dank!
Womit der Flugtaubensport verstärkt konfrontiert wird: die enorme Zunahme von Greifvogelbeständen in manchen Gegenden Deutschlands. Freiflug von Tauben ist mancherorts nahezu unmöglich geworden. Diese Problematik hat es bisher nicht in diesem Ausmaß gegeben.

Dank

Zum Schluss noch dies:
Mein Dank gilt meinen Züchterfreunden, die mir Anregungen gaben und mit Bildmaterial aushalfen.
Dem Verlag Oertel+Spörer in Reutlingen sage ich – last not least – natürlich ein besonders „dickes“ Dankeschön für die ganze Arbeit, die mit der Vorplanung und Herausgabe eines Buches verbunden ist.
Ein Hinweis sei mir noch erlaubt: Im selben Verlag gibt es in der Bücherreihe „Alles über Rassetauben“ (Hrsg. Erich Müller) im Band 6 ein Kompendium über Taubenrassen, die aus der Familie unserer Flugtauben stammen, aber heutzutage nur noch oder überwiegend für den Ausstellungskäfig gezüchtet werden.

Literatur

Mit Literatur über Flugtaubensport, die man derzeit käuflich erwerben kann, ist es ansonsten leider schlecht bestellt. Es sind ein paar Broschüren – meistens im Eigenverlag – erschienen. Vielleicht wird es auf diesem Gebiet einmal bessere Zeiten als jetzt geben.
Ich verweise auf die nachfolgenden Publikationen:

Andreas, G.: **Wiener Hochflugtauben – Glänzende Diamanten am Himmel**, 1990.
Arnold, H.-J.: **Hochflugtaubenrassen und Hochflugsport**, 1990.
Baunach, W.: **Kunstflugtaubensport**, 2000.
Beyer, G.: **80 Jahre SV. d.Z. von Ringschlägertauben**, 2001.
Kaupschäfer, H. H.: **Was man vom Flugtipplersport wissen muss**, 1976ff.
Kaupschäfer, H. H.: **Indische Bodenpurzler**, DBC.
von Ramin, J.: **Birmingham Roller – wirbelnde Luftakrobaten**, 2003.
Weber, L./Borggräfe, I.: **Beiträge zu Wiener Hochflugtauben**, 2004.